财政政策与货币政策的就业效应研究

李伊涵 著

中国商业出版社

图书在版编目（CIP）数据

财政政策与货币政策的就业效应研究 / 李伊涵著
. -- 北京 : 中国商业出版社 , 2023. 12
ISBN 978-7-5208-2862-8

Ⅰ . ①财… Ⅱ . ①李… Ⅲ . ①财政政策 - 影响 - 就业 - 研究 - 中国②货币政策 - 影响 - 就业 - 研究 - 中国
Ⅳ . ① F812. 0 ② F822. 0 ③ D669. 2

中国国家版本馆 CIP 数据核字 (2023) 247211 号

责任编辑：郑　静
（策划编辑：蔡　凯）

中国商业出版社出版发行
（www. zgsycb. com　100053　北京广安门内报国寺 1 号）
总编室 :010-63180647　编辑室 :010-83114579
发行部 :010-83120835/8286
新华书店经销
安徽中皖佰朗印务有限公司印刷

787 毫米 ×1092 毫米　16 开　6. 5 印张　140 千字
2023 年 12 月 第 1 版　2023 年 12 月 第 1 次印刷
定价：58. 00 元
＊＊＊＊
（如有印装质量问题可更换）

前言

就业是民生之本。实现充分就业，被列为宏观经济政策的一个重大目标。如何在加快转变经济增长方式、实现经济持续增长的进程中，社会就业得以稳定或提高，将是中国在今后一段时期内亟须解决的重大课题。中国经济在过去30多年中，保持了持续高速增长。尽管经济增长可以有效影响社会就业，但高增长似乎并不能一定带来高就业。因此，国内有大量的研究在探索中国经济增长与就业增长的不一致性。本书试图将研究的视角转移到宏观经济政策对于社会就业的效应方向，重点考察在过去31年中财政政策与货币政策对于社会就业产生的影响以及其中可能存在的规律。

在国外同行的研究中，只有少数研究文献认为财政政策对于社会就业没有作用或者作用不大，而大部分研究均认为，整体而言财政政策对于社会就业有积极的促进作用。关于货币政策与社会就业的研究，国外文献几乎一致认为货币政策对于社会就业会产生持续性影响。他们认为，与财政政策的作用类似，不同的货币政策对于社会就业具有不同的作用，而且同一货币政策在不同的国家和地区有着不同的社会就业效应。本书的研究是从有中国特色的社会主义建设实践中，考察中国财政政策与货币政策对于社会就业效应的大小，并比较了不同的财政政策工具与货币政策工具对于社会就业的不同作用。

本书采用经验研究方法来研究财政政策与货币政策对于社会就业的效应。为此，对国内外关于财政政策、货币政策与社会就业的相关研究成果进行了总结。在以上研究的基础上，采用了实证研究的方法考察了不同的财政政策工具和货币政策工具对于社会就业的影响。由于数据来源的限制，本书选择财政支出和宏观税负等两个财政政策工具作为财政政策的代理变量，选取流通中的现金数量M_0和社会信贷余额等两个货币政策工具作为货币政策的代理变量，使用中国1978年至2008年的年度时间序列数据，以社会登记从业人员数量为社会就业的代理变量，建立了一个包含财政政策工具、货币政策工具、经济增长率和石油价格冲击等变量的经验研究模型以考察财政政策工具与货币政策工具对社会就业的影响。但是，由于以上变量可能是不平稳的，而不平稳的序列可能导致谬误回归，所以在估计计量模型之前，首先考察了各个主要变量的平稳性。研究结果发现，社会就业变量、财政支出、宏观税负、流通中的现金数量和社会信贷余额均为单位根过程，且社会就业变量与货币政策工具——流通中的现金数量和社会信贷余额具有长期协整关系。在此基础上，本书经验研究估计的模型结论认为：财政政策工具财政支出对于社会就业具有较小的正效应，且这一正效应在较大的显著性水平上才显著；宏观税负对于社会就业具有小且不显著的负效应。而货币政策工具流通中的现金数量和社会信贷余额对于社会就业均具有显著的正效应。经济增长率（以GDP的增长率为代理变量）对于社会就业具有显著的正效应，而石油价格冲击对于社会就业具有小且不显著的负效应。与主流宏观经济学理论所预测的石油价格冲击（供给冲击）会造成失业增加的观点不同，本书的研究表明，石油价格冲击在考察期内对于中国社会就业并没有显著的负效应。

国外的研究在考察政策冲击对于社会就业的影响时，更多的是使用向量自回归模型（VAR）和结构向量自回归模型（SVAR）。为了考察中国财政政策与货币政策冲击的社会就业效应，本书分别构建了财政支出、宏观税负、流通中的现金数量 M_0 以及社会信贷余额与社会就业的双变量VAR模型，运用相关数据分别估计了四个不同的VAR模型并获得脉冲响应函数、进行方差分解。研究的结果发现：财政政策工具变量的冲击对于社会就业具有较小且持续性较差的效应，尤其是宏观税负的冲击对于社会就业的影响几乎可以忽略不计。与财政政策冲击的就业效应不同，货币政策工具，无论是流通中的现金流量 M_0，还是社会信贷余额，都对社会就业产生了正的且具有较强持续性的影响。因此，在本书的考察期内，就所考察的财政政策工具与货币政策工具而言，货币政策的就业效应要大于财政政策的就业效应。

VAR模型系统由于其自身存在不足往往为研究者诟病。另一个研究政策冲击对于社会就业影响的方法是构建SVAR模型，并在此基础上得到结构性向量自回归模型的结构性脉冲响应函数，通过结构性脉冲响应函数得到财政政策冲击与货币政策冲击对于社会就业影响的大小。但是，由于SVAR模型的识别和估计需要加入不同的约束条件，这些不同的约束条件可以分为短期约束条件和长期约束条件。本书首先考察短期约束下的结构向量自回归模型，研究的结果发现，财政政策工具变量的冲击对于社会就业的效应小而且不具有持续性。而货币政策工具变量的冲击对于社会就业具有正的且持续性的影响。这一研究结论表明，短期约束下的不同财政政策工具、货币政策工具与社会就业的SVAR模型与不同的财政政策工具、货币政策工具与社会就业的VAR模型得到的结论基本一致。在此基础上，继续考察了长期约束条件下不同财政政策工具变量、不同货币政策工具变量与社会就业的SVAR模型，研究的结论认为财政支出对于社会就业存在较小且短暂的正效应和具有较长持续性的负效应；宏观税负对于社会就业的效应依旧可以忽略不计。流通中的现金数量和社会信贷余额对于社会就业存在较大而且具有很长持续性的正效应。但是与短期约束下的SVAR模型的结构性脉冲响应函数的显示不同，长期约束下的流通中现金数量M_0、社会信贷余额与社会就业的结构性脉冲响应函数，显示出二者对于社会就业的正效应呈现不断衰减的趋势。

在以上研究的基础上，本书认为，就选取的财政政策工具与货币政策工具而言，财政政策的就业效应明显不如货币政策。因此，在政府“以就业为优先目标”考虑制定宏观经济政策时，建议可以优先考虑使用货币政策工具，并配合使用相应的财政政策工具，实施货币政策为主、财政政策为辅的“政策工具组合”，以达到促进社会就业的目的。

目
录
preface

第1章 绪论

1.1 选题的背景与问题的提出

1.1.1 选题背景

就业是民生之本。就业问题是社会高度关注的最基本问题，也是政府宏观调控的一项重要任务。就业关系到经济发展的收益和成本的分担，是事关一个国家在经济发展过程中社会能否安全稳定运行以及经济能否持续健康发展的重大问题。

随着中国改革开放的不断深入和社会主义市场经济的不断发展，劳动力市场在经济发展过程中起着越来越重要的作用。因此，如何完善劳动力市场，在经济发展过程中切实促进社会就业的问题也随之凸显。在改革开放初期，我国一度凭借自身具备丰富的劳动力资源带来的“人口红利”，通过较低的工资水平降低企业生产成本，进而带动了我国经济的增长。但是这一丰富的人力资源也给我国带来了巨大的就业负担。我国是世界上劳动力资源最为丰富的国家之一，采用何种措施实现劳动力资源向经济资源转变以及合理与有效的利用，将成为今后相当长的一段时间关系到社会和谐稳定与经济增长发展的可持续性的重大问题。

由于人口基数相对较大等历史原因以及社会生产力水平较低等经济发展的现实因素，我国当前的就业形势相当严峻，主要表现在以下几点[①]：第一，劳动力供给增长迅速。根据国家统计局统计数据，新中国成立以来中国的人口总量一直呈现上升趋势，2010年全国总人口为137054万人，是1953年的2.28倍；相对于1953年，2010年的就业人数增加了4.71倍，达到73025万人，几乎是所有发达国家劳动力总和的两倍。[②]改革开放以来，中国劳动适龄人口所占的比例持续增长。有数据表明[③]，至2010年中国劳动适龄人口增长速度达到高峰，为71.08%；劳动适龄人口规模总量将在2020年前后达到高峰，约为9.97亿人。劳动力人口比例在2005年达到高峰，为62.55%，然后保持相对稳定，至2010年开始趋于下降；劳动力人口总量2015年前后达到高峰，约为8.66亿人。今后十几年中，每年新增劳动适龄人口达到1000万人。[④]第二，农业劳动力所占较大比重

① 谭崇台．发展经济学[M]．太原：山西经济出版社，2001：205-209.

② 资料来源国家统计局网站。该网站给出的就业人数最新数据为2010年．

③ 见孙兢新．《中国人口变化与发展趋势展望》《国家计生委“九五”期间第一批人口与计划生育课题研究成果汇编》．

④ 此处指的是从2005年开始．

的同时农民工的就业问题。据官方统计资料，我国农业劳动力所占比重从 1997 年的 50% 下降到 2007 年的 41%，尽管这一比例仍在不断地下降，但是由于城镇失业率的不断上升，农民工的就业空间不足，就业问题凸显。第三，知识失业现象比较严重。周也（2009）的研究表明：2009 年，中国高校毕业生大幅度增加，总量达到 600 多万人，而实际就业率只达到 30%，因此每年有数百万的大学毕业生不能及时就业。第四，自营职业所占比重加大。在中国的就业人口中，有很大比例的人口所从事的职业都是如自营商店、载客等，就业不足和隐性就业问题较严重。

以上情况说明，在当前甚至今后相当长的一段时间内，我国就业形势将依旧十分严峻。严峻的就业形势从另一个角度看就是严重的社会失业问题，这将会造成社会资源的严重浪费，影响到我国社会稳定和社会主义和谐社会建设。

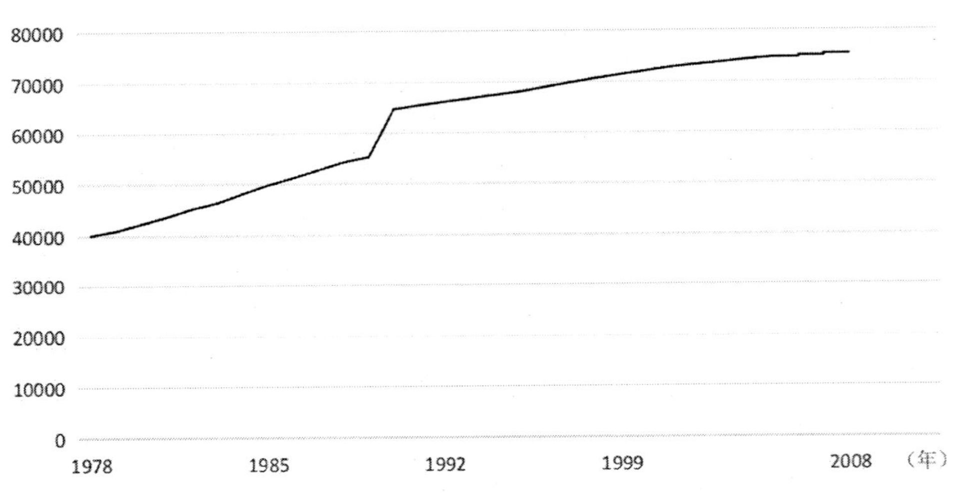

图 1.1 中国从业人员数量（1978—2008）（单位：万人）

1.1.2 问题的提出

长期以来，主流经济学理论认为经济增长会促进就业，著名的“奥肯定律”（Okun’s Law）就认为“经济每增长两个百分点，失业率将下降一个百分点”。同时，在国际比较研究中，这一著名的定律得到了大多数经验研究与实证估计的支持，即一般情况下，随着一国经济的持续高速增长，其就业压力将会得到逐步的缓解。事实上，的确有一些国家在经济持续高速增长之后，失业率明显下降，有的还在不同程度上出现了劳动力供给短缺现象。

但是，改革开放以来中国经济的持续高速增长并没有带来就业数量和就业率的高速增长，经济增长的就业效应收效不大，甚至还反常地出现了失业率上升。尤其是 20 世纪 90 年代以来，出现了经济高速增长与就业增长率低并存的局面，即一方面经济持续快速增长；另一方面就业的增长却异常缓慢，城镇下岗和失业现象日益严重。据官方的相关统计资料，从 1995 年至 2009 年，中国的城镇登记失业率从 2.9% 提高到 4.0%，其中 2008 年受美国次贷危机的影响，中国的城镇登记失业率达到 6.7%[①]。近几年，中国的城镇登记失业率都在 4.0% 左右，但是由于大量的隐性失业的存在和城镇登记失业率并没有包括农村剩余劳动力，所以中国社会的实际失业率应远远高于官方公布的城镇登记失业率。失业人数增加、失业率上升、失业人员和下岗职工再就业率降低，给许多人一种印象，似乎中国近十多年来，就业没有增长，甚至可能绝对减少。美国经济学家罗斯基（Rawski，2001）就把“就业增长几乎为零”，作为质疑中国实际增长速度的依据之一。以上一系列宏观经济指标的变化趋势，与传统宏观经济学理论的解释以及我们的经验都存在明显差异，这些理论和经验无法很好地解释中国今天的经济发展，由此引起了众多经济学者的思考和探索。

这种现象产生的原因在于长期以来中国经济增长模式采用的是“资本驱动型”增长方式，经济发展的动力主要依靠的是投资拉动。这种增长方式在带动经济快速增长的同时，也制造了大量的社会失业。那么，怎样解决这种“资本驱动”或“投资拉动”型增长方式下的社会就业问题呢？经济学理论告诉我们，解决社会就业的方式除了用转变经济增长的方式促进社会就业的方法之外，另一条重要的途径就是要依靠政府的宏观经济政策即财政政策和货币政策来缓解严峻的社会就业形势，进而实现宏观经济政策的目标——充分就业。

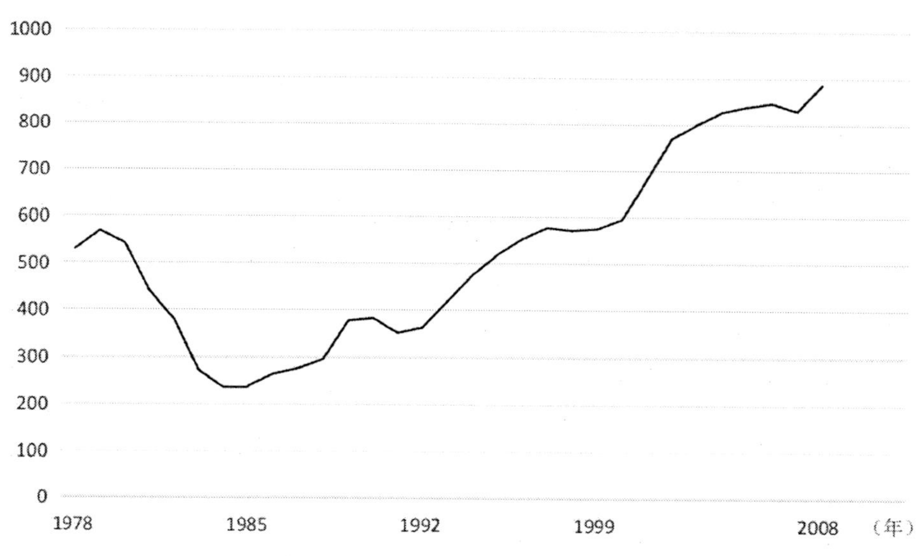

图 1.2 中国登记失业人数（1978—2008）（单位：万人）

① 不同的研究机构给出的数据存在差异，本书使用的是中国社会科学院课题组给出的数据，国家统计局给出的数据是 4.2%，人大给出的是 4.7%。

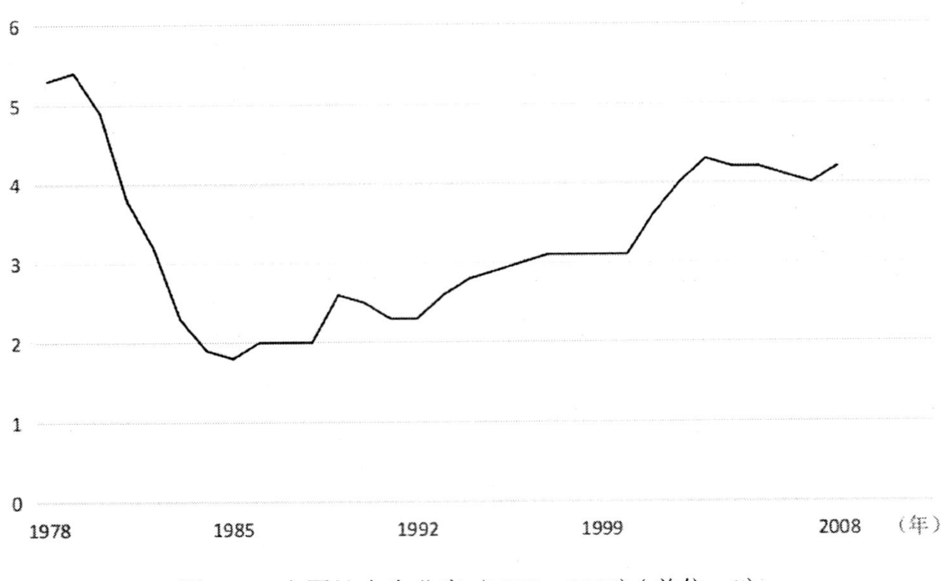

图 1.3　中国社会失业率（1978—2008）（单位：%）

1.2 研究的目的、意义与方法

1.2.1 研究目的与意义

就业问题既是经济问题，也是社会问题，更是国民经济和社会发展中的重大问题。因为对于任何社会来讲，失业的代价都是高昂的。失业会导致社会劳动力资源闲置和浪费，进而使得经济偏离其均衡状态；失业会导致社会生产能力低于其应有的水平，进而使得国民产出低于其潜在水平；与失业有关的社会救济以及失业保险等会造成社会福利支出的增加，加重政府的财政负担，进而也可能相应地加重社会税收负担；失业会导致失业者家庭收入的减少，甚至是经济来源的中断，从而给失业者及其家庭带来物质上的贫困和精神上的痛苦与折磨。过高的失业率还会引起社会的动荡，进而影响到一国经济与社会的稳定。因此，发展经济、应对失业几乎是所有国家和政府头等重要的任务，充分就业也通常被列为宏观经济政策的四大目标之一。

从实践的角度看，经过改革开放 40 多年的发展，中国劳动力市场的就业制度基本实现了市场化运作，形成了很多行之有效、能够促进社会就业的政策或举措。但是，随着社会经济的发展与劳动力市场就业形势的变化，新的情况和问题也在不断地出现，需要及时分析新情况、总结新经验以及研究新对策。

目前中国经济仍然处于向完备的市场机制转轨的过程中，在这一过程中既要承受长期以来人口增长的惯性压力和体制转轨过程中的下岗与失业压力，同时还存在来自大量农村富余劳动力转移就业的压力。因此，如何在保证经济持续增长的前提下促进或提高社会就业，采取什么样的宏观经济政策即财政政策与货币政策来缓解当前严峻的社会就业压力，实现经济增长与就业增长的良性互动，将是中国今后一段时期内亟须解决的重大理论和实践难题。同时，这也是本书研究的最直接动因。

从理论研究的角度来看，传统的宏观经济学理论无法解释长期以来中国经济增长与就业增长的不一致性，这是困扰理论界的一个重要问题。由于中国的经济增长方式属于“资本驱动”或者“投资拉动”型，所以国内众多学者的研究如王艾青（2006）、张得志（2007）以及王旭升（2008）等都是从转变经济增长方式的角度来研究如何实现中国经济的持续高速增长与较高的社会就业率之间的一致。

事实上，宏观经济学理论认为还有一种办法可以缓解增长过程中的社会就业问题即通过宏观经济政策来促进社会就业，实现增长与就业的一致性。但是，遗憾的是目前国内在这方面的研究还比较少。张尚学（2009）的研究探讨了就业优先的货币政策的结构。在研究中作者认为使用适当的货币政策结构可以促进社会就业，政府可以实行以就业为优先目标的结构型货币政策，以解决中国目前严峻的社会就业问题。程俊峰（2010）则讨论了促进就业的财政政策。以上研究较为系统地探讨了财政政策、货币政策对就业的促进作用，但是二者都仅仅从定性的角度研究宏观经济政策对就业的影响。与之不同，本书在前面研究的基础上，主要从实证的角度来研究宏观经济政策对社会就业的促进作用，并且比较了不同财政政策工具与货币政策工具在促进社会就业上的不同作用（比较各自社会就业效应的大小）。已有研究的不足成为本书研究的理论出发点。

1.2.2 本书的研究方法

在研究中，采取的主要研究方法是：

第一，理论联系实际的方法。本书研究的出发点是中国面临日益严峻的社会就业形势；研究的目的在于从理论上探讨政府的宏观经济政策（主要是财政政策和货币政策）对就业是否有促进作用，以及比较财政政策与货币政策在促进社会就业方面作用的大小，进而寻找有利于促进中国社会就业的最优宏观经济政策的组合。在研究过程中，将坚持理论联系社会实际，考察财政政策和货币政策不同工具对于促进中国社会就业作用的大小，并且尝试提出促进中国社会就业的宏观经济政策。

第二，一般性和特殊性相结合的辩证分析方法。在研究中，一方面运用主流经济学中的理论，对财政政策和货币政策在促进社会就业上的作用进行理论上的分析和总结；另一方面又对我国特殊国情下具体的货币政策工具在促进社会就业上的作用进行具体的经验研究和分析，从而坚持了一条既尊重一般规律又考虑到特殊情况的辩证法原则。

第三，定性分析与定量分析相结合的方法。文章在分析问题和提出政策建议的过程中，既运用各种理论进行定性的推理和判断，又运用相关的数据资料构建计量实证模型加以印证。在研究过程中，首先从经济学理论的角度研究财政政策和货币政策对社会就业的影响，在此基础上，运用时间序列和宏观计量经济学中的向量自回归（Vector Auto-regression Model，VAR）和结构向量自回归模型（Structural Vector Auto-regression Model，SVAR）进行政策冲击试验，考察不同的财政政策工具与货币政策工具冲击对中国社会就业的影响。

第四，比较分析的方法。本书研究的另一个重要目的是通过理论和实证研究考察不同的财政政策工具和货币政策工具对于中国社会就业产生的不同影响，即比较不同的货币政策工具就业效应的大小，并试图寻找最合理的货币政策工具。

第五，现状分析与对策研究相结合的方法。本书的研究从中国社会目前就业现状入手，分析了当前中国严峻的就业形势，讨论了不同宏观经济政策工具就业效应的大小，并在此基础上提出缓解中国目前就业形势的政策和建议。

1.3 几个重要的概念

1.3.1 就业的概念

从经济学的范畴来看，就业是指在劳动年龄段内且具有劳动能力的人通过与生产要素相结合进行劳动，并且获得劳动报酬或经营收入的活动方式。更全面和细致的定义是国际劳工组织对就业的界定。他们认为：凡在特定的年龄段内，一般指 16 周岁以上（包括 16 周岁）、60 周岁以下，具有劳动能力的人，在规定的时间里，具有下列情况的，就可以称为“就业”：

（1）正在从事有报酬或有收入的职业；

（2）有职业但临时没有工作的，如由于疾病、事故、劳动争议、休假、旷工或因气候不良、设备故障等原因而临时停工；

（3）自营职业者，即雇主和个人经营者，或正在协助家庭经营企业（农场）而不领取报酬的家庭成员，在规定时期内，从事正常工作时间 1/3 以上者。

1.3.2 失业的含义

与就业的概念相对应的一个概念就是失业。失业指的是生产资料处于分离状态和不能得到有效结合。

国际上，政府统计就业、失业的原则一般是：

（1）有职业的人是就业者；

（2）没有职业但寻找工作的人是失业者；

（3）没有职业而不寻找工作的人不属于劳动力。

那么，这一关于失业的界定将以下四种情形排除在外：

（1）年龄在 16 周岁以下的人口；

（2）年龄在 60 周岁以上的人口；

（3）在规定的年龄段内却不具有劳动能力的人口，如残障人士等；

（4）在规定的年龄段内且具有劳动能力却不愿意工作的人口。

正是由于以上四种情形的存在，所以充分就业并不等于整个社会人口全部就业，因此在政府的就业统计中经常把这四类情况排除在统计对象外。在中国，官方采用的就是登记失业率指标。

依据以上分析，我们可以将失业率定义为

$$失业率=\frac{失业人口}{劳动力人数}\times 100\%=\frac{失业人口}{失业人口+就业人口}\times 100\%$$

但是由于种种原因，目前中国官方公布的失业数据为城镇登记失业数据。因此，农村的就业不充分现象是不被看成失业的。人力资源和社会保障部 2007 年 11 月 5 日下发的第 28 号令《就业服务与就业管理规定》第 7 章第 63 条规定，在法定劳动年龄内，有劳动能力，有就业要求，处于无业状态的城镇常住人员，可以到公共就业服务机构进行失业登记。该项规定从法律上明确了我国可以进行失业登记的人员范围为城镇常住人员。

1.3.3 城镇登记失业率

在国家统计局官方网站上，城镇登记失业人员被定义为有非农业户口，在一定的劳动年龄内，有劳动能力，无业而要求就业，并在当地就业服务机构进行求职登记的人员。人力资源和社会保障部于 2006 年 12 月 18 日下发的《关于印发〈劳动保障统计报表制度〉的通知》（劳社部函〔2006〕272 号）中明确，城镇登记失业率，指在报告期末，城镇登记失业人数占期末城镇就业人员总数与期末实有城镇登记失业人数之和的比重。计算公式如下：

$$城镇登记失业率=\frac{登记失业人数}{就业人员总数+登记失业人数}\times 100\%$$

1.3.4 宏观经济政策

宏观经济政策是指政府通过采用适当的政策工具干预宏观经济运行使之与政府的经济目标相一致的所有政策的统称。一般而言，宏观经济政策可以分为财政政策和货币政策。前者指的是政府通过转移支付、税负、政府购买等手段和方式来干预宏观经济运行等政策法规的统称；后者指的是政府（或中央银行）通过改变货币供给、存贷款利率等方式来改变宏观经济运行等政策法规的统称。简单而言，财政政策和货币政策又可以各自细分为扩张性政策和紧缩性政策。

经典经济学理论认为宏观经济政策的目标为经济增长、充分就业、物价稳定和国际收支平衡。本书的研究则侧重于研究财政政策与货币政策对社会就业的影响，并考察具体的财政政策工具与货币政策工具对社会就业的不同影响。

1.4 本书的结构

本书的研究主要分析财政政策与货币政策的就业效应以及比较不同的财政政策工具和货币政策工具就业效应的大小。在研究中，首先对各个主要的经济思想流派学说中的就业理论进行综述。在此基础上，对十年来国内外关于财政政策、货币政策与社会就业的研究文献进行进一步的梳理。这一部分内容主要集中在第 2 章。第 3 章简要分析了财政政策与货币政策对于社会就业产生影响的途径。第 4 章选取适当的财政政策工具与货币政策工具，通过构建计量模型来检验财政政策和货币政策冲击对社会就业的影响。在第 4 章经验研究的基础上，进一步考察了财政政策冲击与货币政策冲击对于社会就业的影响，主要分析了其对于社会就业作用的大小以及持续性，并且比较了不同财政政策工具与货币政策工具就业效应的大小。为此，先后构建了不同的财政政策工具、货币政策工具与社会就业的向量自回归模型和结构向量自回归模型。这部分分析主要集中于第 5 章、第 6 章。具体来说，各章的主要内容如下：

第 1 章为绪论，主要用来说明本书的选题背景、选题目的、选题意义以及对本书涉及的主要概念进行界定和说明。

第 2 章为文献综述，主要概述就业相关理论，包括马克思的相对过剩人口理论、凯恩斯主义经济学的就业理论、新熊彼特增长理论中的就业理论、新凯恩斯主义经济学就业理论以及劳动力市场搜寻与匹配模型等。本章的作用在于：一方面通过对已有的理论和研究文献进行梳理，为本书的研究提供研究的思路和方法论的指导；另一方面为研究提供与以往研究不同的创新点和研究的出发点。

第 3 章为理论分析部分，首先对主要的财政政策工具与货币政策工具进行简单的归纳，其次集中分析财政政策工具与货币政策工具影响社会就业的途径。本章研究的目的在于为第 4 章经验研究模型的建立做铺垫。

第 4 章主要考察了本书选取的财政政策工具变量即财政支出（FE）和宏观税负（TAX）与货币政策工具变量即流通中的现金数量（M_0）和社会信贷余额（CL）以及社会就业变量（社会登记从业人员数量）的稳定性，主要采用的是 ADF 检验。在此基础上，采用 Granger 的“EG 两步法”对非平稳的变量进行协整关系检验，进而构建计量经济模型，考察财政政策工具与货币政策工具对于社会就业作用的大小。本章的研究主要是为之后各章的研究做铺垫。

第 5 章首先对向量自回归（VAR）模型进行简要的介绍，主要考察了 VAR 模型系统的建立、识别和估计以及求解脉冲响应函数和进行方差分解等方面的内容。在此基础上，构建了不同的财政政策工具、货币政策工具与社会就业的 VAR 模型系统，通过求解各自脉冲响应函数以及进行方差分解，考察不同的财政政策冲击与货币政策冲击的就业效应的大小。之所以采用 VAR 模型进行研究，主要因为：（1）目前国内采用这一方法来研究社会就业的文献几乎空白，本书采用这一研究方法则对此是一个较好的补充；（2）更为重要的是，SVAR 模型的建立需要首先对 VAR 模型进行估计，因此本章的研究实际上也为第 6 章 SVAR 模型系统的建立和研究做了一个铺垫。

第 6 章首先对结构向量自回归模型（SVAR）进行了简单的理论回顾，主要考察了 SVAR 模型的短期约束矩阵和长期约束矩阵的设置以及识别条件。在此基础上，结合第 4 章、第 5 章的分析，在 SVAR 模型的框架内分别对不同的财政政策工具与货币政策工具的就业效应进行研究。在研究中，由于 SVAR 模型的识别需要加入约束条件，本章详细讨论了 SVAR 模型的短期约束和长期约束下不同的财政政策工具和货币政策工具对社会就业产生的影响。

第 7 章是本书的结尾，根据第 4 章、第 5 章和第 6 章研究的结论，提出了促进社会就业的政策组合的原则。

1.5 本书的主要创新和不足

1.5.1 本书的主要创新

第一，近年来，国内为数不多的研究财政政策、货币政策与社会就业的研究文献基本上都属于时间序列数据小样本下的研究。一方面源于数据的缺失，另一方面由于 1990 年中国劳动力市场存在结构性突变。本书采用 Perron(1989) 的结构性突变检验方法，相对于国内的相关研究，该研究方法能够较好地处理这一问题，使得研究的时间跨度可以从 1978 年至 2008 年，在一定程度上避免了小样本的问题，相对而言本书的研究具有较好的稳健性。

第二，基于 VAR 和 SVAR 分析财政政策和货币政策对于社会就业的影响，并对 SVAR 模型分别采用了短期和长期约束条件；而国内相关研究却较少采用这一方法。这一方法除了能够考察财政政策与货币政策对于社会就业作用的大小之外，还具有考察财政政策与货币政策对于社会就业影响的持续性以及社会就业波动性的影响。

第三，我国提出构建社会主义和谐社会，中共十六届六中全会将实现“社会就业比较充分”作为构建社会主义和谐社会的重要目标。在当前严峻的社会就业压力条件下，如何实现这一目标是摆在我们面前的重要课题。目前国内关于促进社会就业的研究文献仍主要关注经济增长与社会就业之间的关系，但是已有的研究文献发现我国经济增长的社会就业效应相对较小且不断下降，本书的经验研究也发现我国经济增长对于社会就业的效应仅为 0.014。因此，本书从宏观经济政策的角度入手，分析宏观经济政策即财政政策与货币政策的就业效应，主张通过宏观经济政策来缓和日益严峻的就业形势。研究结论可用于我国缓解社会就业问题的相关宏观经济政策的制定及效果的评估。

1.5.2 本书的不足和有待进一步研究的问题

第一，由于目前中国的社会就业统计工作还相对落后，且很多指标的统计存在种种不足，所以本书的研究仅仅停留在研究财政政策与货币政策对社会总体就业率的影响。但事实上，由于中国幅员辽阔，地区经济发展存在差异，财政政策和货币政策就业效应的大小可能会随着区域的变动而变动，受到统计数据的限制，未能就这个方面进行深入的研究。

第二，同样由于统计数据的原因，很难收集到中国分地区和行业的就业数据以构成面板数据集。如果能在研究中使用行业的面板数据，运用面板向量自回归模型

(Panel Vector Auto-regression Model，PVAR) 和面板结构向量自回归模型 (Panel Structural Vector Auto-regression Model，PSVAR) 来分析财政政策和货币政策的就业效应，可能会得到更多良好的结论。

第三，由于中国统计数据的缺失，在研究中选取的财政政策工具是财政支出和宏观税负两个指标。在以往的研究中，有研究者使用国债这一指标作为财政政策工具，但是由于数据缺失，未能选取这一指标。而事实上这一指标对于社会就业的研究而言，相关性可能要优于宏观税负指标。同样地，由于数据缺失，没有选取广义货币指标作为货币政策工具，而是选取流通中的现金数量这一指标。如果能解决以上数据问题，可能会对本书所研究的问题产生一些新的、有意义的结论。

第四，目前在国外关于就业的研究文献中，比较热门的研究方法是在新凯恩斯主义经济学的理论框架内来展开理论研究。由于这方面的研究已经较为成熟并且本书研究的主要目的是通过采用经验研究的方法来考察财政政策、货币政策对于社会就业的影响，因此本书并没有在这一理论框架下展开理论研究，而是直接进行经验研究。

第2章 文献综述

2.1 就业理论综述

2.1.1 马克思的相对过剩人口理论

马克思很早就注重就业问题，他在《经济学手稿》和《资本论》中都有有关就业问题的相关论述，其中，相对过剩人口理论是其就业理论的核心。马克思在《经济学手稿》中，从相对剩余价值的生产中直接推导出过剩人口产生的必然性，他认为，剩余价值的第二种形式是相对剩余价值，它表现为工人生产力的发展，就工作日来说，表现为必要劳动时间的缩短，就人口来说，表现为必要劳动人口的减少。马克思形象地描述了“资本主义生产最美妙的地方，就在于它不仅不断地再生产出雇佣工人本身，而且总是与资本积累相适应地生产出雇佣工人的相对过剩人口”[①]。生产相同的剩余价值所需要的劳动力数量下降，从而减少必要劳动人口，这势必使一部分人口变为过剩人口，成为产业后备军。

在马克思来看，相对过剩人口是社会生产力发展到一定阶段，伴随着资本积累过程以及资本有机构成提高的一种经济现象。对劳动的需求，同总资本量相比相对地减少，并且随着总资本量的增长以递增的速度减少。这进一步说明了对劳动力的需求不仅受制于资本积累的总体规模，还与资本结构的变化有关，而这一切都与资本的本质——追求利润最大化相关。因此，马克思得出结论：“工人人口本身在生产出资本积累的同时，也以日益扩大的规律生产出使他们自身成为相对过剩人口的手段。”[②]资本集中是加剧资本积累的重要因素，资本集中同样产生着相对过剩人口。集中在这样加强和加速积累作用的同时，又扩大和加速资本技术构成的变革，即减少资本的可变部分来增加它的不变部分，从而减少对劳动的相对需求。

不仅如此，马克思还指出了就业工人人数的减少比可变资本的减少还要快的事实。即相对过剩人口的生产或工人的游离，比生产过程随着积累的增进本身而加速的技术变革，比与此相适应的资本可变部分比不变部分的相对减少更为迅速。随着社会经济的发展，积累的增进，资本有机构成提高的速度要快于社会总资本的增长速度，因此，失业问题也就成为资本主义社会的一种常态。他认为，在正常的积累进程中形成的追加资本主义是充当利用新发明和新发现的手段，但是，随着时间的推移，旧资本总有一天也要从头到尾地更新，要脱皮，并且同样会以技术上更加完善的形成再生产出来，在这种形

① 马克思恩格斯全集：第23卷[M]. 北京：人民出版社，1972：691.

② 马克思恩格斯全集：第23卷[M]. 北京：人民出版社，1972：692.

式下，用较少量的劳动就足以推动较多量的机器和原料。可见，一方面，在积累进程中形成的追加资本，同它自己的量比较起来，会越来越少地吸引工人；另一方面，周期地按新的构成再生产出来的旧资本，会越来越多地排斥它以前所雇用的工人。

2.1.2 凯恩斯主义经济学的就业理论

凯恩斯主义经济学认为失业的存在主要是由于“有效需求不足”，即边际消费倾向递减导致消费需求不足，资本边际收益率递减和货币流动偏好规律引致投资需求不足，总需求不足导致就业不足；所以，要求政府实行适当的宏观经济政策，进行有效的“需求管理”，来促进社会就业的增长和经济的增长。凯恩斯主义经济学的就业（失业）理论可以总结为“非自愿失业”理论，并且主张政府在促进社会就业方面发挥积极的作用，把实现充分就业作为政府宏观经济政策的目标之一[①]。

2.1.3 新古典综合派的就业理论

新古典综合派的就业理论主要是建立在 AS-AD 模型、菲利普斯曲线（包括拓展的菲利普斯曲线）和奥肯定律的基础之上。

（1）AS-AD 框架下宏观经济政策的就业效应分析

凯恩斯主义经济学 AS-AD 框架同时考虑了产品市场、货币市场和劳动力市场的情况，是一个一般均衡的模型，由于它包含了劳动力市场的分析，所以可以用来分析宏观经济政策的就业效应。首先，在大多数情况下，总供给曲线 AS 是向上倾斜的，政府的扩张性宏观经济政策如减税、增加政府公共开支、增加货币供应量等会推动社会总需求的增加，使得 AD 曲线向右移动，进而使得产出增加和社会就业的增加。

（2）菲利普斯曲线

新古典综合派经济学中的菲利普斯曲线是一条反映通货膨胀与失业率之间关系的曲线。菲利普斯最初提出的曲线是一条向下倾斜即通胀与失业率呈负相关的曲线，这一曲线的政策含义在于政府可以为了提高社会就业率而适度地提高通货膨胀率。随着 20 世纪 70 年代滞胀问题的出现，菲利普斯曲线理论不断地被修正，其中一个重要的修正就是增加了预期因素，被称为附带预期的菲利普斯曲线。附带预期的菲利普斯曲线并不一定是向下倾斜的，即通胀与失业率并不一定是负相关关系，这种关系的改变主要是预期因素的作用，所以其政策含义在于政府可以通过宏观经济政策来改变人们的预期，以促进社会就业。

（3）奥肯定律

Okun(1962) 的研究考察了实际 GDP 变动百分比与失业率变动之间的关系，结果发现失业率每上升一个百分点，实际 GDP 将下降两个百分点，即

$$y - y_f = -\beta(u - u_n) \tag{2.1}$$

式（2.1）中 y 、 y_f 、 u 和 u_n 分别表示实际 GDP、充分就业时的实际 GDP（或潜在

① 王志伟．现代西方经济学思想流派 [M]．北京：北京大学出版社，2002：165.

GDP)、实际失业率和自然失业率，β 为参数，依据 Okun(1962) 的结论，$\beta=2$。式 (2.1) 构成了著名的奥肯定律。这一定律为之后的经济增长与就业之间关系的研究提供了理论依据。

2.1.4 真实经济周期理论中的就业理论

真实经济周期 (Real Business Cycle，RBC) 理论的一个重要论述就是关于闲暇与劳动的跨期替代。他们认为理性的个体总是可以在享受闲暇与工作之间进行理性的抉择。当工资水平较高的时候，个体将会牺牲自身的闲暇时间而选择更长的工作时间，此时社会就业将会增加；相反，当社会工资率较低时，理性的个体会选择较少的工作时间而更多地选择闲暇，此时社会就业会减少。尽管真实经济周期理论中否认货币政策的作用，但是他们的研究也提供了分析政策促进社会就业的思路，即政府的宏观经济政策可以通过改变理性的个体在闲暇与就业之间的跨期替代效应而增加社会就业。

2.1.5 新熊彼特增长理论中的就业理论

20 世纪 90 年代初期，以 Romer(1990) 为代表的一些经济学家在动态一般均衡 (Dynamic General Equilibrium) 理论的框架内，将研发 (R&D)、创新 (Innovation) 与内生经济增长理论结合起来，提出了一个包含内生研发和创新双重动力推动经济增长的机制，即新熊彼特模型。依据 Dinopoulos(2006)，Dinopoulos & Sener(2007) 的研究，新熊彼特增长理论的核心特征为内生的研发和创新是推动技术进步与经济增长的决定性因素。这一特征较好地拟合了熊彼特 (1942) 关于技术“创造性毁灭”(Creative Destruction) 的过程。新熊彼特增长理论的就业理论也是建立在技术进步的“创造性毁灭”基础之上的。

长期以来，一方面，人们广泛持有的一个观点就是技术进步会使得企业家节省人力，从而将导致失业的大量增加；另一方面，技术进步会提高社会生产力，会增加社会财富总量，从而刺激了社会总需求，进而创造大量的就业机会，促进了社会就业。Pissaride(1990) 认为如果生产力的增长涉及经济中的各行各业与所有的企业，那么技术进步最终会增加社会就业，原因在于各个企业会在生产力迅速增长时投入更多的劳动力以适应资本投入增加的需求。但是，由于技术进步不可能同时同步发生于各行各业，也不可能同等地提高各行各业的生产力水平。相反，技术进步一方面摧毁一些职位，另一方面又创造出一些新的职位。那么，依据这一职位的“创造性毁灭”过程，技术进步能否促进就业增加关键在于技术进步能否使得新职位创造的速度快于旧有职位的毁灭过程。

在一系列的研究中，Aghion & Howitt 认为如果生产单位的技术进步速度非常快，生产单位的生命周期就会很短，那么每个时期都将有大量的工人被释放出来并且处于失业状态，形成高速失业流并导致均衡状态下失业率的提高。Aghion & Howitt 将这一过程称为创造性毁灭的直接效应[①]。

另外，生产单位较快的更新换代速度同样也缩短了生产单位投资的回报期限，进而阻碍了新的生产单位的建立，所以较快的技术进步在毁灭旧有职位的同时也阻碍了新的职位的产生，从而使得经济领域中岗位空缺减少，进而导致较高的稳态均衡失业率。Aghion & Howitt 将这一过程称为创造性毁灭的间接效应。

但是，如果已存在的生产单位可以利用技术进步，投资者则被鼓动去创建新的生产单位和空缺岗位以获得未来技术进步带来的垄断利润。这一被 Aghion & Howitt 命名为资本化效应的过程在一定条件下甚至可以抵消创造性毁灭的直接和间接效应，进而带来失业的下降和社会就业的增加。所以问题的关键是企业能否恰当的利用技术进步。

在近期的研究中，Acemoglu(2002) 认为经济中存在市场规模效应 (Market Size Effect)，这一效应将增加企业的利润，同时也会进一步导致技能导向性技术进步 (Skill Biased Technology Change)。技能导向性技术进步会提高技能升水 (Skill Premium)，拉大技术工人和非技术工人之间工资水平的差异，促使工人进行人力资本投资，而人力资本投资则使得工人与工作岗位之间匹配的程度得到提高，从而有利于增加社会就业[②]。

从以上一系列的研究中可以看到，新熊彼特增长理论就业理论的核心内容就是企业能否充分利用技术进步。因此，政府宏观经济政策就是要通过一系列的政策来刺激已有企业充分利用现有的技术进步，而达到这一目的的手段就是要让企业充分地获得技术进步带来的收益。政府可以通过财政补贴鼓励技术进步和鼓励企业采用新技术。同时政府也可以通过宏观经济政策来鼓励工人投资于人力资本，从而增加社会就业。

2.1.6 新凯恩斯主义经济学中的就业理论

20 世纪 70 年代，滞胀问题的出现，使得人们开始质疑凯恩斯主义经济学的需求管理政策，而且由于凯恩斯主义经济学缺乏微观基础而饱受诟病。新凯恩斯主义经济学则应运而生，它十分注重宏观经济学的微观基础，建立了较为完备的劳动力市场理论。

新凯恩斯主义经济学劳动力市场理论的关键假设是“工资黏性”。在早期的研究中，新凯恩斯主义经济学家区分了名义工资黏性和实际工资黏性。前者的主要理论包括：（1）工资的交错调整理论。Fischer(1977)、Phelps & Taylor(1977)、Taylor(1979，1980) 的研究认为由于合同签订时间的不同，工资的调整并不是同时同步进行的，而是呈现出交错调整。交错调整使得工资总水平具有惯性，而工资总水平惯性会影响社会就业，因为工资总水平的惯性越强，在遭遇通货膨胀时，为保持工资总水平不变，名义工资将不断地提高，进而加剧了通胀；同时名义工资水平的不断提高，企业的劳动力需求减少，将会增加社会失业。（2）长期劳动合同理论。Fischer(1977)、Taylor(1980)

① 阿吉翁，霍威特．内生增长理论 [M]．陶然，译．北京：北京大学出版社，2002：132.

② Aghion, P, Howitt, P. The Economics of Growth[M]. Cambridge: MIT Press, 2009: 196.

认为由于经济中总是存在未到期的长期合同，所以工资的调整具有刚性，政府的货币政策可以通过影响物价水平而影响就业；实际工资黏性理论主要包括：（1）隐性合同理论。Rosen(1985) 对这一理论进行了较为全面的综述。依据 Rosen(1985) 的研究，最初出现的隐性合同是公开信息的隐性合同理论，这一理论是建立在完全信息假定前提上的，但是现实世界的劳动力市场往往是信息不对称的，所以新凯恩斯主义劳动力市场理论着重考察了非对称信息隐性合同理论。这一理论认为工人和厂商都只能获得有限信息，所以一方面非对称信息使得暂时失业的工人为了维护其声誉以求将来能得到更优惠的合同，将会忍受比现职工人工资水平低的救济金而不去寻找薪酬较高的工作岗位，进而带来了失业的持续，于是经济中出现了与经济周期伴随而生的失业周期；另一方面非对称信息隐性合同使得在工资调整过程中公众信息的有效性大打折扣，将会产生工资黏性，工人之所以愿意接受这一隐性合同的原因在于虽然隐性合同不能使其在经济状况好的时候获得较高的收入，但也不会使其在经济状况较差的时候获得较低的收入。在工资具有黏性的情况下，就业的数量就会受到较大的约束，导致厂商调整劳动力使用数量，进而产生失业。（2）“失业呆滞”与“局内人—局外人”模型，由于失业一方面会使劳动者劳动技能的价值逐渐衰减；另一方面也会改变失业者的就业态度，所以企业家倾向于不雇用长期失业者，失业的时间越长，找到工作的概率越低，从而出现“失业呆滞”现象。“局内人—局外人”模型指的是企业的在职工人与失业者的谈判能力是有差异的，因为企业的老板只会与在职工人谈判而不会与失业者谈判，因此导致了社会失业率偏离其均衡水平。（3）效率工资理论，Summers(1988)、Shapiro & Stiglitz(1984) 以及 Dickens、Katz、Lang & Summers(1989) 均对这一理论进行了阐释，他们认为为了提高在职工人的工作积极性，减少偷懒和稳定工人队伍，企业家往往会将工人的工资规定在高于劳动力市场均衡工资的水平上，从而减少了就业量，增加了社会失业。

在之前研究的基础上，Galí & Gertler(1999)，Galí、Gertler & López-Salido(2001) 以及 Sbordone(2002) 的研究则将新凯恩斯主义就业理论研究的视角转向新凯恩斯主义菲利普斯曲线（NKPC）的实证研究上。Galí et al.(1999，2001) 的研究将后顾性拇指规则定价行为（backward-looking rule of thumb pricing behavior）引入标准的 Calvo(1983) 的黏性价格模型中，使用边际实际成本或者实际单位劳动成本（real unit labor cost）作为缺口的替代变量，并且使用广义矩估计（Generalized Method of Moments，GMM)，详细地考察了纯粹前向性与混合型新凯恩斯主义菲利普斯曲线在美国与欧元区经济的实证表现。在此模型中，Galí et al.(1999，2001) 依据利润最大化原则，垄断竞争厂商在每一时期调整价格的概率为$1-\theta$，得到的前向性菲利普斯曲线为

$$\pi_t = \beta E_t \pi_{t+1} + \lambda s_t \tag{2.2}$$

其中是主观贴现因子，$\lambda=(1-\theta)(1-\beta\theta)/\theta$ 度量实际边际成本对于通胀的影响，是单位劳动成本偏离稳态的百分比。前向性菲利普斯曲线的缺陷在于无法解释现实中的通胀持续性。为了更好地说明问题，Galí & Gertler(1999) 进一步假定调整价格的厂商

中有部分比例的厂商遵循后向行为的拇指法则，剩下的厂商仍然遵循前向预期法则，那么就得到

$$\pi_t = \lambda_f E_t \pi_{t+1} + \lambda_b \pi_{t-1} + \lambda s_t \tag{2.3}$$

其中各个系数表示各个因素对通胀率的影响程度。

Galí & Gertler(1999) 的研究引发了一系列关于 NKPC 的理论和实证研究，如 Galí(2008) 和 Scheibe & Vines(2005) 的研究。Galí(2008) 对新凯恩斯主义理论进行了较好的综述，并且考察了不同的货币政策规则对经济系统各个主要变量的影响。在研究中，他建立了类似于式 (2.2) 的 NKPC，同时也建立了如下的动态 IS 曲线（以下简称“DIS”）：

$$\tilde{y}_t = -\sigma^{-1}[i_t - E_t(\pi_{t+1}) - r_t^n] + E_t(\tilde{y}_{t+1}) \tag{2.4}$$

其中 $\tilde{y}$ 、i 、π 和 r^n 分别表示产出缺口 (Output Gap)、名义利率、通胀率和自然利率 (Natural Rate of Interest)。NKPC 和 DIS 共同决定了经济中各个主要变量的路径，为了考察货币供给对各主要变量的影响，他考察了外生利率冲击和外生货币供给两种不同的货币政策的影响。Scheibe & Vines(2005) 在开放经济条件下，使用中国的季度数据，采用产出缺口的前向性和后顾性 NKPC，发现产出缺口、汇率和通胀预期对中国通胀有显著作用；杨继生 (2009) 在混合 NKPC 框架内采用动态面板数据，估计了通货膨胀预期、流动性过剩对中国通货膨胀的影响，并在此基础上揭示了中国通货膨胀的动态性质。

依据以上分析，NKPC 曲线揭示了当期通货膨胀与通胀惯性、通胀预期以及单位劳动成本偏离之间的关系，同时也为宏观经济政策促进就业提供了理论依据，政府可以通过宏观经济政策来改变通胀预期，进而改变单位劳动成本和促进社会就业。

2.1.7 劳动力市场中的搜寻与匹配模型

新凯恩斯主义经济学建立了较为完备的劳动力市场理论，但是更多的是研究工资的形成过程对于就业的影响。虽然这样的分析范式在很大程度上揭示了现实中的失业率对自然失业率的偏离和滞胀现象，却很难解释现实中“岗位闲置”与“失业”并存的现象。

在早期的研究中，Mortensen & Pissarides(1994) 的研究分析了企业对于职位设置和破坏的最优决策行为，在此基础上，他们研究了在最优决策行为下的均衡失业率和岗位闲置率问题，从而建立了较为完备的基准搜寻与匹配模型 (Baseline Search and Match Model)。在此研究的基础上，Pissarides(2000) 对搜寻与匹配模型进行了系统的总结与阐释；Rogerson、Shimer & Wright(2005) 对搜寻理论做了较为完整的综述性总结。

Shimer(2005) 的研究测算了失业波动率、劳动力市场宽松指数（采用闲置岗位与失业的比率系数来表示）和劳动生产率，结果发现经过 HP 滤波处理之后的失业波动率大约是劳动生产率波动的 10 倍，劳动力市场宽松指数大约是劳动生产率波动的 20 倍，这一现象是 Mortensen & Pissarides(1994) 无法解释的，因此被称为“Shimer 批判”。在对 Mortensen 和 Pissarides(1994) 质疑之后，Shimer 又提出了“劳动力楔子”(Wedge)

的概念并展开研究。在此基础上，Shimer(2009a) 的研究认为劳动力市场波动和搜寻与匹配模型失效的原因在于工资的设定。与 Shimer(2005) 的研究不同，Hall(2005) 的研究则通过在企业招聘和岗位设立过程中展开的，他试图寻找工资黏性的证据。通过研究，他得到了与 Shimer(2005) 完全不同的结论——Mortensen & Pissarides(1994) 认为的黏性工资能够较好地解释现实经济中失业的波动；在此基础上，Hall(2009) 的研究试图寻找更多的微观证据来证明黏性工资理论的说服力，通过对劳动的边际产出和劳动时间价值的周期性波动的考察，在对真实经济周期理论 (RBC) 和 Shimer(2005，2009) 的“劳动力楔子”进行比较研究之后，他认为从整体上讲，Mortensen & Pissarides(1994) 的研究对于现实失业现象具有较大的说服力。

搜寻与匹配理论从微观主体的最优行为决策入手，在很大程度上解释了现实中岗位闲置与失业并存的现象。同时也为政府宏观经济政策影响就业提供了依据——政府可以通过宏观经济政策来发布就业岗位信息和组织培训等方式来降低搜寻与匹配成本，进而减少岗位空缺和促进社会就业。

2.2 宏观经济政策的就业效应研究文献综述

2.2.1 财政政策与就业研究文献综述

就业问题由于其对于社会稳定和经济发展的重要意义，在主流宏观经济学研究中，就业（或失业）问题一直都是研究的热点话题。在众多研究财政政策与就业的文献中，依据其研究的视角，大体上可以将其分成以下几类：

第一类的研究并没有详细考察不同财政政策工具对社会就业的影响，只是笼统地考察财政政策的就业效应。具有代表性的研究是 Fatas & Mihov(1999) 和 Groenewold & Hagger(2003) 的研究。Fatas & Mihov(1999) 使用向量自回归模型考察了财政政策与就业之间的关系，发现政府支出的增加会带来社会就业强且持续性的增加。Groenewold & Hagger(2003) 研究了隶属于同一个联邦政府下的两个具有不同失业率的地区的情形，即地区之间失业不平等，以考察财政政策对于社会失业的影响。在此基础上考察了联邦政府增加对其中一个地区的支出、地方政府支出增加、允许地方政府开发自然资源和联邦政府对两个地区的支出同时增加等四种不同类型的财政政策对于地区之间失业不平等的影响，他们发现只有第四种类型的财政政策才能够降低高失业率地区的失业，其他的政策只会加剧地区之间失业率的不平等。这些研究扩展了自 Wiseman(1976) 以来关于财政政策对于社会就业的影响的研究视野，在研究的方法上也更加注重实证技术的运用，尤其是 Groenewold & Hagger(2003) 的研究，分析了不同财政政策对于社会就业的不同影响，促进了第二类研究的出现。

与第一类研究不同，第二类关于财政政策与社会就业的研究主要着重于分析不同类型的财政政策对于社会就业的不同影响，代表性的研究主要有 Daveri &

Maffezzoli(2000)、Heylen & Van de Kerckhove(2009)、Adams & Gangnes(2010)、Leigh(2008)、Leigh & Neill(2009)、Rademacher(2011) 以及 Gomes(2011) 的研究。Daveri & Maffezzoli(2000) 使用欧盟大国的数据、采用校准 (Caliberation) 的方法考察了一个无限期界 (Infinite -horizon) 的内生增长与失业模型，单独考察劳动税降低对于社会就业的影响。通过研究，他们发现如果存在一次性转移支付，降低劳动税和失业补贴 (Unemployment Subsidies) 将有利于促进就业；如果不存在转移支付，且政府为追求保持收支平衡，可能会采用减少失业补贴或者增加资本税的方式来弥补政府降低劳动税的损失，他们发现相对于采用增加资本税而言，减少失业补贴对于促进社会就业的效果更好。在此基础上，作者进行了敏感度分析 (Sensitive Analysis)，结果进一步证实了以上结论。Heylen & Van de Kerckhove(2009) 构建了一个代际交叠 (OLG) 模型并运用 OECD 国家的数据，考察了不同的财政政策冲击对不同年龄段就业的影响。研究发现“非雇佣收益”(Non-employment Benefits) 和劳动税 (Labor Taxes) 对就业存在着显著性的影响。Adams & Gangnes(2010) 分析了美国复苏与再投资法案 (The American Recovery and Reinvestment Act，ARRA) 的创造社会就业的作用及其成本问题。通过研究，他们发现相对于减税和转移支付项目，政府消费和公共投资对于产出和就业的即期效果要好。Leigh(2008)、Leigh 和 Neill(2009) 的研究发现政府在公路建设上的较高开支减少了当地的失业。Rademacher(2011) 的研究则通过对纳米比亚财政政策以及其构成的分析，认为纳米比亚独立以来政府的财政政策提高了纳米比亚社会就业和竞争能力，进而推动了纳米比亚的经济增长。Gomes(2011) 的研究建立了一个包含搜寻与匹配摩擦的动态随机一般均衡 (DSGE) 模型以分析公共部门雇佣和工资对劳动力市场的影响。通过研究，他发现公共部门工资水平对于劳动力市场能否实现资源的有效配置起着重要的作用，因为公共部门高工资使得公共部门在劳动力市场上竞争加剧，从而增加了社会失业。在此基础上，他继续做了两个方面的工作：第一，考虑了当发生技术冲击时，公共部门工资是反周期的以及对最优政策的偏离会显著增加失业的波动；第二，不同类型的财政政策对于劳动力市场变量的影响效果可能相反。并且他使用了美国的数据验证了以上两个结论。这一类型的关于财政政策与社会就业的文献中，得到的一个基本结论就是不同类型的财政政策对于社会就业的作用是不相同的，这对于本书的研究具有极大的参考价值。

第三类关于财政政策与社会就业的研究文献则侧重于研究政府财政政策的不同融资方式对于社会就业的不同影响，代表性的研究是 Battaglini & Coate (2011)、Hellier(2011) 的研究。Battaglini & Coate(2011) 构建了一个财政政策与失业相互作用的模型框架，分别分析了仁慈的政府 (Benevolent Government) 和存在政治决策 (Political Decision- making) 两种情形下的财政政策与失业之间的关系。研究发现，当私人部门遭遇负的冲击时，仁慈的政府会通过债券收益和资产收益来缓和私人部门的失业状况，所以在长期中失业问题是不存在的；当存在政治决策时，政府会通过增加政府负债来获得资金以缓和私人部门的失业状况。而 Hellier(2011) 的研究分析了市场悲观主义（Market Pessimism）对非自愿失业的影响，他发现市场悲观主义会增加社会非自愿失业，而政府的财政政策会缓和市场悲观主义带来的失业效应。但是不同的财政政策资金融资方式的作用是不一样的。依靠收入税融资的财政政策会稳定市场悲观主义带来的非自愿失业，而依靠货币创造融资的财政政策则会使社会失业恢复到充分就业的水平。

第四种类型的研究主要是关注公共部门工资水平对于社会就业的影响，代表性的是 Gomes(2009) 的研究。Gomes(2009) 的研究建立了一个包含搜寻与匹配摩擦的动态随机一般均衡模型（Dynamic Stochastic General Equilibrium Model，DSGE 模型）以分析公共部门雇佣和工资对劳动力市场的影响。通过研究，他发现公共部门工资水平对于劳动力市场能否实现资源的有效配置起着重要的作用，因为公共部门高工资使得公共部门在劳动力市场上竞争加剧，从而增加了社会失业；相反，低的工资会使公共部门难于招聘雇员，所以公共部门的工资水平取决于劳动力市场参数。当发生技术冲击时，公共部门工资最优决策是实行反周期的工资政策。对最优政策的偏离会显著性增加失业的波动；公共部门正的工资冲击（Wage Shocks）会增加社会失业，正的雇佣冲击（Employment Shocks）或雇佣更多的员工可能增加也可能会减少社会失业。在此基础上，作者通过使用贝叶斯方法（Bayesian Methods），运用美国的数据进行实证研究，研究的结果进一步证实了作者的推断。

以上四类研究文献都是基于封闭经济来展开研究的，第五类研究则在开放经济条件下研究财政政策与社会就业的关系，典型的研究是 Eggert & Goerke(2003) 的研究。在开放经济中考察了资本和利润税对就业的影响。通过研究，他们发现只有当国家之间在资本税和利润税同步调整的情况下，财政政策才能够在缓解社会失业方面发挥作用。

以上五种类型的关于财政政策与就业的研究文献都倾向于肯定财政政策在促进社会就业方面的积极作用，还有一类研究则否定财政政策在促进社会就业方面的作用，他们认为经济系统本身就存在多重失业均衡，财政政策造成的社会成本太大，因而不是一个好的选择。代表性的是 Farmer(2009，2010) 的研究。Farmer(2009) 在对美国次贷危机的研究中，发现由于高昂的搜寻与雇佣成本，使得经济系统中存在低失业和高失业的多重均衡，财政政策可以使经济系统从高失业均衡转移到低失业均衡，但是其成本却十分高昂，所以不是一个好的选择。Farmer(2010) 在 Farmer(2009) 研究的基础上，假定企业生产等于市场需求量的产品数量，也得到了类似于 Farmer(2009) 的结论。

在研究方法上与本书较为接近的是 Sonedda(2003) 的研究。在研究中，他使用了比利时、法国、德国、意大利、西班牙和瑞典 1974 年至 1997 年的数据，采用 SVAR 模型，考察劳动税对就业的影响。该文的目的在于研究劳动税的就业效应的跨国差异性。与之不同，本书的研究考察了多种不同的财政政策工具的就业效应，而且本书的研究也只是基于中国的数据经验估计。

以上研究，无论是从理论的角度还是从实证的角度，都为本书的研究提供了重要的思路。一方面，为本书的研究提供了选取财政工具的一个良好思路，使得本书可以比较分析不同的财政政策工具对社会就业的不同影响；另一方面，以上研究的不足也成为本书研究的重要立足点和出发点。

与以上研究不同的是，本书主要做了以下几个方面的工作：

（1）以上研究都侧重于理论分析，本书则侧重于从实证研究的角度展开分析；

（2）在实证研究中，本书采用了 VAR 和 SVAR 模型，考察财政政策冲击对社会就业的影响，并且进一步考察了不同的财政政策工具对于社会就业效应的大小，为提出相关的促进社会就业决策打下基础；

（3）本书在研究中，对 SVAR 的长期约束和短期约束下的政策工具的不同表现进行了较为详细的分析，在以往的研究中，较少进行这方面的分析。

2.2.2 货币政策与就业研究文献综述

长期以来，主流宏观经济学理论一直都认为货币在长期内是中性 (Neutrality) 的，即货币政策在长期内不会影响失业率、产出等实际变量，所以在关于货币政策与社会失业的研究文献中，都只考虑货币政策在短期和中期内对于失业的影响程度，并以此作为判断货币政策效应大小的依据。Brash(1994) 的研究对这一方面的文献做了较为详细的综述。

但是，十几年来，一系列理论和实证研究的成果表明，货币政策在长期内不是中性的，即货币政策在长期内也可以影响实际变量如社会就业（或失业）等。代表性的研究主要有 Blanchard(2003)、Collignon(2003)、Jacobson(2003)、Aarle、Garretsen & Gobbin(2003)、Ravn & Simonelli(2006)、Alexius & Holmlund(2007)、Altavilla & Ciccarelli(2007)、Schettkat & Sun(2008)、Katz(2011) 的研究。Blanchard（2003）通过对欧洲失业的研究，认为货币政策不仅能够改变真实的失业率，而且能够改变自然失业率，从而改变了主流宏观经济学理论长期以来持有的观点——在长期内货币是中性的 (Monetary Neutrality)，即在长期内货币不具有实际效应或无法改变实际变量。但是他并没有深入分析其内在作用的机理。在 Blanchard(2003) 研究的基础上，Collignon(2003) 的研究则认为，长期以来主流宏观经济学理论所强调的自然律假说对失业的解释只是建立在劳动力市场的局部均衡基础之上，所以他建立了一个包含劳动力市场和资本市场的一般均衡模型，对货币政策长期内非中性的内在机理展开了讨论。通过研究，他发现货币政策在长期内影响失业率的原因在于货币政策在长期内影响了资本和投资的回报。他认为如果货币政策的目标仅仅是保持物价的稳定，那么工资讨价还价 (Bargaining) 和中央银行的信誉成为决定社会就业的一个至关重要的因素。在此基础上，他进一步研究了不同劳动力市场制度下货币政策对失业的影响，发现不同的劳动力市场制度下同一货币政策对于社会就业的影响是不相同的。Jacobson(2003) 的研究对瑞典的货币政策与社会失业的问题进行了研究。在研究中，他假定失业率为一阶单整即 I(1) 过程，通过研究发现，瑞典的货币政策对社会失业产生了永久性的影响。Aarle、Garretsen &

Gobbin(2003) 的研究考察了财政政策与货币政策在欧盟地区的传导机制。在研究中，他们首先比较了欧盟地区与美国和日本在政策作用机制上存在的不同；在此基础上，使用实际产出（Real Output）、实际政府收入（Real Government Revenue）、实际政府开支（Real Government Spending）、短期利率（Short Term Interest Rate）和物价水平等五个变量，以及总供给冲击、金融冲击、赤字与 GDP 的比例冲击、货币冲击和总需求冲击等五个结构性冲击，构建了一个五变量结构向量自回归模型（SVAR），并使用欧盟地区的数据进行估计，在估计模型的基础上，分析了模型的脉冲响应函数和方差分解。结果发现，在欧盟内部，不同的国家对于同一财政政策冲击和货币政策冲击的反应是不同的；但是，尽管不同的国家政策的效果存在较大的差异，财政政策与货币政策对于欧盟地区的社会就业具有显著的作用。Ravn & Simonelli(2006) 的研究构建了一个包含 12 个变量的 VAR 模型，运用美国的数据，考察包含货币政策冲击在内的四个不同的结构性冲击对劳动力市场的影响。通过研究发现：（1）劳动力市场变量对货币冲击的反应是“驼峰”状的（Hump Shaped）；（2）15% ～ 20% 的失业是由于货币冲击带来的；（3）货币冲击的最大效应大约出现在冲击发生之后的 4 ～ 5 个季度之后。之后的 Alexius & Holmlund(2007) 的研究使用了瑞士 1970 年至 2005 年的数据，在 SVAR 的框架内展开研究，结果发现货币政策对于瑞士社会失业具有强且长期持续性的影响。据他们的估计结果，大约有 30% 的失业波动是由于货币政策冲击带来的，而且将近 30% 的政策冲击对瑞士社会失业产生的效应持续了 10 年之久。与 Alexius & Holmlund(2007) 的研究不同，Altavilla & Ciccarelli(2007) 的研究将通胀预测（Inflation Forecasting）作为模型的内生变量，使用标准的贝叶斯 VAR 方法，考察了货币政策的不确定性对欧洲地区和美国失业的影响。研究发现，不同的通胀预测模型中货币政策对于失业的影响是不相同的，但是无论是在欧洲还是在美国，货币政策冲击都会对社会失业产生持续性的影响。Schettkat & Sun(2008) 的研究针对长期以来欧洲研究机构将失业的原因归咎于货币之外的其他因素和外在冲击，而对将货币看成中期和长期中性的现象提出质疑。通过研究，他们认为负的外在冲击和紧缩性的货币政策及其交互作用是造成欧洲在每次经济萧条之后产生高的社会失业的重要原因。在此基础上，他们将 Bundesbank 的货币政策看成对称性的货币政策（Asymmetrical Monetary Policy），他们认为正是这种对称性的货币政策使得银行并没有积极应对经济萧条，而是恶化了经济复苏，从而使得失业率居高不下。Katz(2011) 的研究则对之前货币政策对失业产生长期影响的文献进行了总结，他认为美联储的重要任务就是实施货币政策以实现长期内最大化可持续性就业（Sustainable）。

以上研究采用了 SVAR 和贝叶斯 VAR 的方法，进行冲击试验，通过脉冲响应（Impulse Response）函数和方差分解（Variance Decomposition）的方式来观测货币政策冲击对失业的影响强度和持续时间。另外一些研究则考虑了一些外在因素的影响，如劳动力市场制度、贸易条件、不确定性、种族、搜寻与匹配摩擦等，这些因素的存在，对于货币政策的效应将产生影响。代表性的研究主要是 Zavodny & Zha(2000)、Soto(2001)、Stockhammer & Sturn(2008)、Groshenny (2010)、Galí(2010, 2011b,2011c)、Berentsen、Menzio & Wright (2011) 以及 Galí、Smets 和 Wouters(2011) 的研究。Zavodny & Zha(2000) 的研究则采用贝叶斯 VAR 的方法，讨论了货币政策对于不同种族失业率的影响，研究发现货币政策冲击使得黑人失业的波动率高于白人的失业波动率。但是他们的研究也发现了不同的货币政策工具对于同一种族失业波动率的影响是不同的。Soto(2001) 的研究建立了一个包含非瓦尔拉斯 (Non-Walrasian) 劳动力市场和黏性价格的新凯恩斯主义模型，他使用包含内生岗位创造和岗位毁灭的搜寻理论模型来表示市场的非瓦尔拉斯特征。通过研究，他发现相对于严格盯住通胀的政策，如果货币政策规则同时盯住通货膨胀和产出缺口，那么失业对不同的冲击的反应具有较弱的持续性。同时，他发现在加入内生的岗位创造和岗位毁灭之后，通胀与社会就业之间呈现正相关，即菲利普斯曲线反映的通胀与失业之间的负相关关系。Stockhammer & Sturn(2008) 的研究主要着重于考察经济萧条时期货币政策对失业的影响。他运用自 1980 年到 2007 年 19 个 OECD 国家 40 个经济萧条期间的数据，扩展了 Ball(1999) 的模型，在控制住贸易条件 (Term of Trade) 冲击和劳动力市场制度的影响之后，货币政策对于失业有较强的效应。Groshenny(2010) 研究了美国 2002 年第一季度至 2006 年第四季度对泰勒规则的偏离在多大程度上提高了价格的稳定性和最大化可持续性就业。作者构建了一个包含失业的新凯恩斯主义模型，研究发现这一政策将产生较大规模的失业和显著的提高通胀风险。Galí(2010) 对近期使用新凯恩斯主义经济学分析框架研究就业问题的文献做了一个较好的综述，并概括出这些模型共有的特征。在此基础上，他拓展了新凯恩斯主义框架，构建了一个包含劳动力市场摩擦和失业的模型，讨论技术冲击、货币政策和劳动力市场摩擦对失业的影响。结果发现，紧缩性的外在货币政策冲击导致就业的下降。当加入劳动力市场摩擦之后，Galí 发现了类似于 Shimer(2005) 的结论。Galí(2011b) 的研究从新凯恩斯主义的视角考察了稳定化政策对于失业（也就是就业）波动的影响。在研究中，他首先建立了一个包含失业的新凯恩斯主义模型框架，研究的结论较好地拟合了美国的失业波动。在模型研究中，他解决了长期以来新凯恩斯主义经济学在实证研究中无法解决的关于产出缺口 (Output Gap) 的度量问题，采用了以失业为基础的产出缺口度量方法，并建立了 SVAR 模型。研究的结果发现货币政策对于稳定就业波动具有积极的作用。Galí(2011c) 的研究在一个新凯恩斯主义模型环境中，考察了泰勒型规则 (Taylor Type Rule) 的货币政策对于失业的影响。在研究中，作者通过校准的方法，得到了一个包含失业和货币政策变量的 SVAR 模型，并通过数值模拟的方法得到了模型的脉冲响应函数，研究的结论发现黏性工资的存在对于货币政策的短期效应存在较大的影响，甚至可能使得货币政策的就业效应为负。Berentsen、Menzio & Wright(2011) 的研究使用搜寻与匹配理论来解释为什么在长期内通货膨胀只会增加而不会减少失业。他们认为长期通货膨胀降低了货币需求，进而阻碍了劳动力市场交易和匹配的概率，因而增加了失业。Galí、Smets 和 Wouters(2011) 的研究在 Galí(2011c) 研究的基础上，运用美国的数据，构建 SVAR 模型系统验证 Galí(2011c) 的结论是否得到现实数据的支持。实证研究的结果表明，引起失业剧烈波动的原因并不是真实经济周期理论断言的那样，是由于技术冲击造成的，总需求冲击（在该文中指的是货币政策冲击）才是引起失业波动的主要原因。

还有一些研究虽然并没有单独考察货币政策对于社会就业的影响，但是在他们的研究中所使用的需求冲击实际上已经包含了货币政策的冲击。代表性的研究主要包括 Gambetti & Pistoresi(2001) 和 Maidorn(2003) 等。Gambetti & Pistoresi(2001) 的研究使用意大利的数据考察需求冲击对意大利社会失业的影响，结果发现，需求冲击对意大利社会失业产生了永久 (Permanent) 的影响，并且可以解释考察期内将近 60% 的就业波动。这一研究的结论具有重要的现实意义，但是由于其样本时间跨度较短，所以得出的结论也是饱受争议。之后的 Maidorn(2003) 的研究对澳大利亚的社会失业进行了讨论，他发现需求冲击可以解释澳大利亚社会失业的将近 40% 的波动。

以上研究的共同点在于，他们都承认货币政策对于社会失业有重要影响。但是还有一些研究质疑货币政策的就业效应，具有代表性的相关研究主要有 Altavilla & Ciccarelli(2009)、Wen(2011) 的研究。Altavilla & Ciccarelli(2009) 将经济结构方面的不完备信息作为不确定性，建立了一个包含此不确定性的动态模型，考察以规则为基础的货币政策对欧洲和美国失业的影响。通过研究，他发现货币政策冲击具有稳定的“萧条性效应”(Recessionay Effect)，但是不论是欧洲地区的数据还是美国的数据，都显示相对于其他结构性冲击，货币政策冲击对于失业动态 (Unemployment Dynamics) 而言重要性要小很多。Wen(2011) 在对联储实施的大规模资产购买 (Large Scale Asset Purchase，LSAP) 计划的研究中，对货币政策与失业的关系进行了讨论。他认为历史数据并没有显示货币政策扩张会对失业产生可靠和显著的正效应，所以联储的 LSAP 计划的效果是不确定的。

在以上研究中，与本书在方法上相似的是第一类研究，即关于货币政策在长期内具有实际效应的研究。本书也将采用 VAR 和 SVAR 的方法来研究货币政策冲击的短期影响和长期影响。与之不同的是，本书研究中做了以下几个方面的工作：

（1）在以上研究中，并没有采用 VAR 的方法来估计货币政策对于社会就业的作用，本书的研究则首先使用 VAR 的框架对这一问题展开讨论，运用中国的数据，进行冲击试验，以观察货币政策对于社会失业的影响。

（2）由于 SVAR 分析框架在进行参数估计时需要加入一定的约束条件，这些约束条件可以分为长期约束和短期约束，以上研究如 Alexius & Holmlund(2007) 等并没有对此展开深入分析，本书的研究则考虑了这些因素，并在此基础上分析二者的不同。

（3）与以往的研究不同，本书的研究目的是要通过比较财政政策与货币政策就业效应的大小，进而提出促进社会就业的政策组合。所以在本书后面的研究中，同时考察了财政政策和货币政策，并且比较不同的财政政策工具与货币政策工具的社会就业效应的大小。

2.3 国内相关研究文献综述

2.3.1 国内关于经济增长与就业研究的文献综述

在国内研究就业的文献中，大量的研究都是从经济增长与就业的角度来研究这一问题的，但是研究的结论却是众说纷纭。在这些研究中国经济增长与就业问题的研究文献中，众多学者如胡鞍钢（1997）、夏杰长（1999）、张车伟和蔡昉（2002）、齐建国（2002）、龚玉泉和袁志刚（2002）以及李红松（2003）的研究都采用了就业弹性这一指标来衡量中国经济增长的就业效应，研究的结果也是无法统一。胡鞍钢（1997）、夏杰长（1999）、张车伟和蔡昉（2002）、齐建国（2002）和李红松（2003）等研究认为，自1990年以来中国的就业弹性在不断地下降，但是这些研究在解释就业弹性下降的原因上又存在较大的不一致。而龚玉泉和袁志刚（2002）的研究从有效劳动需求的角度出发，即企业的目标为最大化利润，在这一目标下讨论经济增长与就业增长之间的关系。由于企业利润最大化时工资等于工人的边际产品价值，这一最优条件实际上决定了最优的劳动力雇用数量。通过研究，龚玉泉和袁志刚认为经济增长能够通过吸收剩余劳动力的方式，带动企业总的劳动工时的增加，进而在事实上也促进了社会有效就业的增长。王艾青（2006）和曹建云（2008）对这一方面的研究进行了较为详细的综述。

2.3.2 财政政策与就业研究文献综述

国内关于财政政策的就业效应的研究起步较晚，而且更多的侧重定性分析，很少运用标准的现代宏观计量经济学的方法对这一问题展开定量的研究。在国内的研究文献中，邓远军（2006）的研究侧重于讨论宏观财政政策对于劳动力市场均衡产生的影响。在研究中，他采用了一个局部均衡分析的供给——需求框架，考察劳动所得税对劳动力供给的影响。通过研究，他认为：（1）在完全竞争的市场环境下，如果劳动力的供给和需求都没有弹性，劳动税的征收不会影响劳动力市场上劳动力的供给量，因为税收会产生转移；（2）如果劳动力的供给和需求都具有弹性，那么劳动税是否会影响劳动力市场上最终的劳动力供给量，取决于劳动力供给和需求曲线的弹性。该文的不足有以下两个方面：（1）该文的模型是建立在局部均衡的基础之上的，而对于劳动力市场的考察应该建立在一般均衡基础之上。（2）该文的结论建立在完全竞争劳动力市场假设基础之上，而现实中的劳动力市场不是完全竞争的。以上两个方面的不足使得该文的结论并不可靠，也不符合中国的现实情况。刘广洋（2003）从劳动力需求的角度研究中国的税收政策对于劳动力需求的结构性影响。他认为为了促进劳动力需求和社会就业，政府的财政政策应该给予那些有利于经济发展和吸纳社会劳动力就业较多的产业和部门税收优惠。与刘广洋（2003）的研究不同，郭庆旺和赵志耘（2007）的研究从税收的替代效应和收入效应的角度研究了不同的税收政策对于中国劳动力供给产生的影响。通过研究，他们认为，从税种的角度来看，相对于其他税种，个人所得税的征收对中国劳动力供给产生的影响最大；从税基的角度来看，征收劳动所得税对中国劳动力供给的影响最大；从税率的角度看，累进税对中国劳动力的供给影响最大。尹音频、张昆明（2004）主要考察了政府购买对社会就业的影响。他们的研究侧重于从产业和产品类型的角度来研究财政政策的就业效应。他们认为如果政府购买主要针对的是劳动密集型企业生产的产品，将有利于促进劳动密集型企业的发展，从而产生社会就业扩大的效应；反之，如果政府购买的结构主要倾向于资本密集型企业的产品，那么将会产生社会就业紧缩效应。相对于以上研究，罗宏斌、周红梅（2005）的研究则更具有综合性，他们分别从个人、企业和产业等角度对中国的税收政策的就业效应进行了考察。他们认为：从个人的角度看，税收的就业效应主要体现在对劳动力的供给量和劳动力供给的质量上，由此进一步影响到中国社会就业总量和社会就业结构。他们认为，从个人层面来看，税收对劳动力供给的影响因素中作用最大的是个人所得税。从企业的角度来看，税收的就业效应主要体现在税收对于企业生产和投资的影响上，因为企业的生产过程需要劳动力投入，而企业的投资又有利于企业的扩大再生产，所以也有利于社会就业。税收能够影响企业的生产和投资决策，较高的税收会降低企业生产和投资的积极性，从而抑制了社会就业。相反，较低的税收会提高企业的生产和投资的积极性，从而也有利于社会就业。所以从企业的角度看，税收的就业效应主要是最优税率的设计——如何能够较好地提高企业的生产和投资的积极性。从产业的角度看，税收政策的就业效应主要体现在税收能够影响不同类型的产业的发展，如果税收政策有利于促进劳动密集型企业的发展，那么税收政策将最终有利于促进社会就业。所以税收的就业效应，从产业的角度看，就是税收影响到产业结构的调整，进而影响到社会就业。

以上研究都主要是从定性的角度来研究财政政策的就业效应，还有一些研究采用了实证的方法来研究这一问题。蔡昉、都阳和高文书（2004）的研究探讨了中国经济增长和财政政策的就业效应较小的问题，他们认为原因在于中国宏观财政政策的投资领域都是具有逆就业效应的领域，所以无法带动中国社会就业的增长。张宏亮、张广盈和张建涛（2005）的研究探讨了中国 1978 年至 2003 年财政支出与就业之间的关系。为了考察经济中存在的结构突变，他们把数据分成 1978 年至 1989 年和 1990 年至 2003 年两个部分，并且逐段回归，研究结果发现在第一阶段，中国财政支出的就业效应较大，原因在于，1990 年之前，中国政府的财政支出主要用于企业，刺激了企业投资，进而带动了就业的增加；而 1990 年之后，中国政府的财政支出主要用于基础设施建设，而基础设施建设的就业效应在短期内是很难实现的。曾学文（2007）的研究考察了中国自 1990 年至 2005 年财政政策与就业之间的关系。在研究中，他分别建立了财政支出与就业、国债投资与就业之间的协整模型，得到的结论认为中国积极财政政策的就业效应有限。

在以上众多的研究文献中，更多的采用的是定性的分析方法。这些定性的研究大多都没有运用标准的宏观计量模型对结论进行验证。而实证研究中，也只是简单地考察了财政政策工具是否对就业存在影响，至于影响的大小和持续的时间长短，都没有深入的分析。

本书的研究则将财政政策冲击和货币政策冲击纳入一个统一的分析框架，运用标准的宏观计量模型 VAR 和 SVAR 同时考察二者对社会就业的影响，并且分析不同的财政政策工具和货币政策工具对社会就业的不同效应。

2.3.3 货币政策与就业研究文献综述

国内关于货币政策的就业效应研究文献相对较少。在理论研究方面，较早的是鄂永健（2006）的研究。鄂永健（2006）的研究扩展了 Sidrauski(1967) 的 Money In the Utility(以下简称 MIU) 模型，在该扩展的框架内加入了内生的劳动力供给，并以此为基础考察货币政策与就业的关系。通过研究，他发现只有当消费者的相对风险规避系数较大的时候或者消费的跨期替代弹性较小时，货币供给增长率的上升才会促进就业的增加；反之，货币供给增长率上升反而使就业减少。在此基础上，他进一步考虑了中国的具体情况，认为消费者商品消费的相对风险规避系数比较大，因而扩张性的货币政策有利于就业。但是从长期来看，中国消费者的相对风险规避程度有下降的趋势，因此过度依赖于扩张性货币政策来解决社会失业问题是不可行的。之后的宋琴和胡凯（2010）的研究则构建了包含货币先行（Cash In Advance）约束的一个世代交叠模型，考察了以促进就业为目标的货币政策对社会效用的影响，并将其与一个以通货膨胀为目标的货币政策对社会效用的影响相比较，结果发现，以就业为目标的货币政策对社会带来的效用要大于以通胀为目标的货币政策。

在经验研究方面，曾学文（2007）的研究同时考察了财政政策和货币政策的就业效应。在研究中，他构建了货币供给量（M_2）、银行贷款与社会就业的协整模型，并使用了中国 1990 年至 2005 年的数据进行经验研究[①]。结果显示，货币供给量的就业弹性为 0.545，贷款余额的就业弹性为 0.0807。由此，结合中国金融组织的发展现状，曾学文（2007）认为中国货币政策的就业潜力尚未全部开发出来，还存在较大的促进空间。王君斌和薛鹤翔（2010）的研究考察了一个刚性工资的模型，并在此模型的框架内运用 VAR 模型来考察货币政策对就业的影响。研究的结论认为扩张性的货币政策在短期内能够带来就业的增加，但是在长期内却会形成通货紧缩与社会失业，因此在长期内需要结合财政政策来实现就业的增加。

在以上众多研究文献中，与本书较为接近的研究是王君斌和薛鹤翔（2010）的研究，但是不同的是他们的研究是建立在刚性工资的假定基础之上，而现实中工资并不是具有完全刚性的。而且，在货币政策工具的选择上，他们也只选取了货币供给量，本书的研

① 该文的研究同时考察了财政政策与货币政策对于社会就业的影响，但是由于数据的缺失，使得该文的研究属于时间序列下的小样本研究。在研究中他发现了财政支出与社会就业之间存在协整关系，而本书的研究通过协整关系检验却发现财政支出与社会就业之间不存在长期协整关系。尽管如此，在笔者来看，在国内研究财政政策、货币政策对于社会就业影响的研究文献中，该文的研究仍然属于国内为数不多的较为规范的研究之一。

究则选择了多个货币政策工具来考察不同的货币政策工具对社会就业的不同影响。

同样地，对本书具有较大启发意义的是曾学文（2007）的研究。在研究中，他同时考察了财政政策和货币政策的作用，并且他认为要结合财政政策和货币政策共同实现社会就业的增加。这一思想成为本书同时构建包含财政政策冲击和货币政策冲击的 VAR 和 SVAR 模型的重要出发点。

2.4 本章小结

本章首先回顾了经典理论中的就业理论，分别从早期的马克思相对过剩人口理论、凯恩斯主义经济学的就业理论以及真实经济周期理论和近期的新熊彼特模型的就业理论、新凯恩斯主义就业理论，以及搜寻与匹配模型等角度对经典就业理论进行总结。在此基础上，分别对国外的关于财政政策和货币政策与就业的研究和国内关于财政政策和货币政策与就业研究的文献进行了综述。研究发现，在国内的研究文献中，很少对宏观经济政策尤其是货币政策对社会就业的影响问题进行研究，在已有的研究文献中，也很少采用标准的宏观计量经济学方法详细考察长期约束和短期约束下不同的财政政策工具和货币政策工具对社会就业的效应的大小，至于同时包含研究财政政策与货币政策冲击的研究就更少了。这些理论上研究的不足成为接下来各章研究的主要问题。

第3章 财政政策、货币政策对于社会就业的作用途径分析

3.1 引言

在很长一段时期内，国内关于就业的研究都将视角集中在经济增长与社会就业的关系上，其背后的理论立足点就是主流宏观经济学中著名的关于增长与就业的“奥肯定律”。该定律认为增长与就业之间大致存在以下关系：经济增长每上升两个百分点，社会失业可以大约下降一个百分点。中国经济在过去二十多年内一直保持着较快的增长速度，但是中国的社会失业（就业）问题却越来越严峻。一个明显的直觉就是中国经济增长带来的社会就业或者说中国经济增长的社会就业效应要远远小于主流经济学理论所推崇的“奥肯定律”所显示的水平。

主流宏观经济学理论提供的另外一种解决社会失业问题的办法是通过宏观经济政策促进社会就业，而在宏观经济政策中，最常见的两种就是财政政策与货币政策。前者主要是指政府通过财政支出、税收、投资补贴、转移支付等方式来影响实际经济变量，进而影响社会就业；后者主要是指政府通过发放或者回笼货币而影响货币的供给和社会信贷，进而影响实际经济活动并影响社会就业。一般而言，政府的财政政策与货币政策并不会直接作用于某一个实际经济变量，而是通过可以操作的财政政策与货币政策工具来影响实际经济变量。因此，从财政政策与货币政策的实施到其对社会就业产生实际作用中间会存在一系列的经济效应，或者说中间需要经历一个过程。在主流宏观经济学理论中，把这一过程称作“传导机制”。本章研究的主要内容就是分析政府的财政政策与货币政策是如何影响社会就业的，即分析其影响社会就业的传导机制。

本章的研究主要从以下几个方面来展开：首先，在第二节，本书将分析财政政策的主要工具以及其作用于社会就业的途径或传导机制；其次，在第三节，本书将专注于分析货币政策的主要工具以及其作用于社会就业的主要途径和方式；最后是本章的小结。

3.2 财政政策工具及其影响社会就业的途径

3.2.1 主要的财政政策工具

在主流经济学理论中，财政政策指的是政府通过财政支出、税收或者补贴等方式来影响实际经济变量的一系列政策、法规和规则的统称。一般而言，政府的财政政策是在

产出的稳定性与征税以及支出之间进行权衡，比如，在经济遭遇外来冲击，使得社会失业增加，经济增长率下降时，政府通过“逆风向”的财政政策，采用适宜的财政政策工具来促进经济的增长和社会就业的增加；反之，当经济持续快速高涨导致经济过热，投资的快速增长造成经济中物价上涨，甚至出现通货膨胀时，政府也可以通过税收政策来缓和经济中的“过热现象”。在实际操作中，政府经常使用的财政政策工具主要包括财政支出、税收、补贴等，而且经常与政府其他相关的产业政策挂钩，比如政府希望某个或某一类产业获得较快的发展，往往会通过税收减免、投资补贴等方式鼓励该产业的投资，进而促进某个产业的发展。

3.2.2 财政政策影响社会就业的途径

对于财政政策影响社会就业的途径，各个经济学流派都有不同的阐释。但是，基本的机制就是，政府并不是直接作用于劳动力市场，而是通过对相应的财政政策工具进行相应的操作，进而影响到劳动力市场。这中间往往需要经历一个过程，也往往会涉及很多其他的相关变量。这一经由财政政策工具到最终目标之间的作用传递过程，被主流经济学称为“财政政策的传导机制”。由于本书的主要目的是研究财政政策的就业效应，所以，这一部分的研究主要是对财政政策对于社会就业产生效应的传导机制进行简单的阐释。

由于中国统计数据的缺失[①]，从 1978 年至 2008 年属于财政政策范畴的数据只有财政支出和宏观税负（税收总额与国内生产总值 GDP 的比重）收集得比较完整，所以在本书的财政政策研究过程中，将使用这两个变量作为财政政策的工具变量。

财政支出对于社会就业的促进作用主要表现在以下几个方面：

首先，财政支出对于社会就业的影响主要是通过政府的财政支出对于那些对社会就业具有较强的吸引的产业或企业的发展给予适当的优惠条件，鼓励这些产业或企业获得更快的发展，进而促进社会就业；

其次，当财政支出用于政府采购时，在同样的条件下，购买那些吸收社会劳动力较多的企业的产品，进而促进该企业的发展，促进社会就业；

最后，政府通过财政支出政策，帮助劳动者进行技能培训和岗位技能教育，如发展职业技术教育、对企业的员工岗位培训给予资金支持等，提高劳动者的技能，促进社会人力资本的积累，进而促进社会就业。

由于税收制度的合理与否能够影响到劳动者的劳动积极性，如果税收负担过重，劳动者的劳动积极性将受到打击，最终不利于促进社会就业。真实经济周期理论认为，理性劳动者的最优决策涉及工作与闲暇的跨期替代，所以在现实经济运行过程中，税收尤其是劳动税将影响劳动者的劳动与闲暇的抉择。宏观税负对于社会就业的作用主要体现在以下几个方面：

① 在很多研究中，如曾学文（2007）等在研究中均使用了国债作为财政政策工具变量，但是这一指标的统计数据是从 1986 年开始的，所以本书没有选取这一指标。

首先，宏观税负的高低对于企业的成长和发展有重要作用，它可以通过影响企业的规模扩张而影响社会就业；

其次，宏观税负通过影响劳动者的工作与闲暇的跨期替代，影响劳动者的工作抉择，进而影响社会就业；

最后，宏观税负的高低会影响到经济的增长，而经济增长对于社会就业具有一定的作用。

3.3 货币政策工具及其影响社会就业的途径

3.3.1 主要的货币政策工具

在主流经济学理论中，货币政策主要是货币政策当局通过货币的发放与回笼，改变货币的供给量和社会信贷的规模，进而影响实际经济变量的一系列法律、法规和政策的统称。一般而言，货币当局制定货币政策需要面对通货膨胀（物价稳定）与就业稳定（进而产出稳定）的权衡取舍（Tradeoff）。著名的菲利普斯曲线（包括之后扩展的附带预期的菲利普斯曲线）就是对这一关系的经典描述。当经济遭遇外来冲击，面临衰退时，可以通过“逆风向行事”的政策原则，进行货币扩张，增加货币供给，刺激经济的复苏和增长以及促进社会就业，但这一货币扩张又可能导致通货膨胀；当经济过热时，可以通过紧缩货币，降低经济中日益严峻的通胀风险，但这一货币紧缩又会带来经济增长的下降，也不利于社会就业的增加。

在实际操作过程中，货币政策当局实现货币的扩张和收缩主要是通过法定准备金率、贴现窗口与公开市场操作来实现的。

由于各个商业银行必须保留一部分现金以保证银行客户日常提取款之用，这一现金称为“准备金”。与之对应，法定准备金率是各国中央银行规定的各个商业银行必须保留的准备金率。但是，在现实中，各个商业银行为了避免不时之需，往往在法定准备金率的基础上，还保留一部分额外的现金，称为“超额准备金”。因此，经常将法定准备金率与超额准备金率合成为准备金率，其计算公式如下：

$$准备金率=\frac{法定准备金+超额准备金}{储蓄总额}$$

货币政策当局可以通过改变法定准备金率来改变流通中的货币供给量，进而控制银行的信贷规模和企业的投资规模，并在此基础上影响到经济的增长和社会的就业。

贴现窗口是商业银行向中央银行借贷资金窗口，其收取的费用称为“贴现率”。当商业银行面临现金短缺时，可以使用这一办法向中央银行借款。中央银行可以通过改变贴现率的办法来改变商业银行的筹资成本，进而影响经济中的信贷规模和企业的投资规模，并在此基础上影响到经济的增长与社会就业。

公开市场操作是指货币当局在金融市场上公开买卖有价证券的活动。一般而言，货币当局在金融市场上买卖有价证券并不是以营利为主要目的，而是通过这种活动来控制货币的供给和社会信贷的规模。而货币的供给量和社会信贷规模又会影响到企业的投资活动，进而影响社会就业。

3.3.2 货币政策影响社会就业的途径

与财政政策类似，对于货币政策影响社会就业的途径，各个经济学流派都有不同的阐释。但是，基本的机制就是，货币当局并不是直接作用于劳动力市场，而是通过对相应的货币政策工具进行相应的操作，进而影响到劳动力市场。这中间往往需要经历一个过程，也往往会涉及很多其他的相关变量。这一经由货币政策工具到最终目标之间的作用传递过程，被主流经济学称为“货币政策的传导机制”。由于本书的主要目的是研究货币政策的就业效应，所以，本书这一部分的研究主要是对货币政策对于社会就业产生效应的传导机制进行简单的阐释。

由于中国统计数据的缺失[①]，从 1978 年至 2008 年属于货币政策范畴的数据中只有流通中的现金数量 M_0 和社会信贷余额的数据收集得比较完整，所以本书在关于货币政策的研究过程中，将使用这两个变量作为货币政策的工具变量。

流通中的现金数量 M_0 能够反映货币的供给状况，能够反映出货币的购买能力，当然也能够反映政府货币政策的松紧程度。流通中的现金数量的多少，能够影响社会总需求，进而影响经济的扩张或者收缩，并且在此基础上影响到社会就业。

社会信贷余额能够反映社会的信贷状况和规模。因此，社会信贷余额越大，社会信贷活动的规模越大。而社会信贷规模能够影响到企业的生产筹资，进而影响到企业创造就业机会，影响社会就业。社会信贷余额对于社会就业影响的途径主要表现如下：

第一，企业的扩张与否在很大程度上与企业能否进行有效的筹资相关，而社会信贷余额的规模能够影响企业的筹资。因此，货币当局可以通过控制货币供给，影响社会信贷活动的规模，并影响企业的规模扩张，在此基础上再影响到社会就业的增加。

第二，社会信贷规模可以影响经济的增长。现代经济是一种信用经济，信贷活动的规模影响到企业的规模扩张，进而影响到经济的增长。而经济的增长能够影响社会就业，从而社会信贷规模也可以通过影响经济的增长来影响社会就业。

3.4 本章小结

在本章中，简要介绍了主要的财政政策工具与货币政策工具的类型以及本书所选取的财政政策工具——财政支出与社会就业和货币政策工具——流通中的现金数量 M_0 与社会信贷余额对于社会就业的影响途径。本章的研究主要是为之后的实证研究做铺垫，因此在本章中并没有对财政政策工具与货币政策工具的作用展开细致和深入的讨论。

① 一般在研究中对于货币供给的变量选择选取的是广义货币 M_2，但是由于 M_2 的统计是从 1990 年开始的，所以本书没有选取这一指标。

第 4 章 财政政策工具、货币政策工具和就业变量的平稳性分析

4.1 引言

在国内研究社会就业的文献中，曾学文（2007）对中国财政政策、货币政策与社会就业的关系进行了研究。在研究中，他分别选取了财政支出和国债作为财政政策工具变量，选取货币供给量（M_2）和信贷余额作为货币政策工具变量，发现了财政政策工具、货币政策工具与社会就业量之间存在着协整关系。该文的研究是国内较早且为数不多的使用标准计量经济学方法研究财政政策、货币政策与社会就业问题的文献。但是，由于数据的限制，作者只使用了1990年至2005年16年的数据，在时间序列分析中属于小样本，其研究的结论往往不具有稳健性（Robustness）。本书的研究认为，曾学文（2007）的研究之所以选取 1990 年至 2005 年作为研究的样本空间，一个很重要的原因就是，在 1990 年之前中国的劳动力市场是不开放的，计划经济时代的劳动力管理体制严重影响着中国的社会就业，所以很难对其进行分析和研究。

也有学者如张宏亮、张广盈和张建涛（2005）的研究采用了1978年至2003年的数据，考察中国财政政策与就业之间的关系。在研究中，为了更好地分析两者之间的关系，他们把数据分成 1990 年之前和 1990 之后两个阶段来研究。发现 1990 年之前中国财政政策的就业效应较大，之后则较小。这一研究选取了比较长的数据序列，并且由于存在结构突变，作者采用将数据拆分的方式进行分段回归，这一研究方法在时间序列计量经济学中有较多的应用，属于处理结构突变问题的标准方法。但是，作者忽略了存在结构突变情形下进行数据拆分的前提是数据拆分之后每个子样本都有较大的样本空间。所以，他们的研究虽然采用了相对较长的数据序列，但是经过拆分之后的研究仍然属于小样本的研究。其研究的结论仍然不具有稳健性。

以上较为具有代表性的研究除了在结论上具有相似性之外，还有一个重要的相同点就是都认为 1990 年是一个转折点，这一共同点为本书的研究提供了有益的启发。但是，以上研究都只是凭借个人的判断，进而断定 1990 年存在结构突变，并没有进行实证检验。本章的研究则对这一问题进行了结构性突变 Phillip-Perron 检验。研究结果发现，1990 年中国的社会就业量（使用登记从业人员数量的对数来表示）存在结构性突变，且服从一个单位根过程。

与曾学文（2007）类似，本书也选取财政支出作为财政政策工具变量，选取社会信

贷余额作为货币政策工具变量。但是不同的是，由于国债的统计数据存在数据的缺失问题，且统计口径也存在较大差异，所以本书的研究采用宏观税负指标即税收收入占 GDP 的比重作为另一个财政政策工具变量。

同样地，由于中国的统计是从 1990 年开始进行的，之前的数据存在缺失问题。为了避免小样本的问题，本研究选取现金指标 M_0。虽然这一指标对于货币供给的度量或许存在较大的偏差，却可以在一定程度上避免小样本带来的问题。

由于非平稳变量之间的回归研究可能导致谬误回归的问题，在对社会就业变量进行结构性突变检验之后，本书对各个不同的财政政策工具变量和货币政策工具变量分别采用 ADF 方法进行单位根检验。检验的结构显示，本书所选取的财政政策工具变量和货币政策工具变量均为单位根过程。由于非平稳变量之间是否存在协整关系直接关系到实证研究模型的建立，所以，在变量平稳性检验的基础上，本书分别对各个不同的财政政策工具变量、货币政策工具变量与社会就业变量进行协整关系检验。

曾学文 (2007) 的研究采用的是格兰杰“EG 两步法”来检验变量之间的协整关系。这一检验对于检验单个协整关系有较好的效果，本章的研究也采用了这种检验方法。研究结果显示，财政政策工具变量——财政支出、宏观税负与社会就业之间均不存在协整关系；而货币政策工具变量——流通中的现金数量、信贷余额均与社会就业之间存在协整关系。

在协整关系分析的基础上，本书构建了计量经济模型，分别考察了财政政策与货币政策工具对于社会就业的影响。研究结果显示：财政政策工具变量——财政支出对于社会就业存在较小的正效应，并且这一正效应在很大的显著性水平[①]上才具有统计上的显著性；而另一财政政策工具变量——宏观税负对于社会就业存在较小负效应。货币政策工具变量——流通中的现金数量对于社会就业存在显著性的正效应，这基本符合了主流经济学的结论；另一货币政策工具变量——社会信贷余额对于社会就业存在显著的正效应，也基本符合经济现实。

本章的经验研究模型还包含了国内生产总值的增长率和以国际原油价格为代理变量的外生冲击，经验研究结果显示：国内生产总值的增长率对于社会就业存在显著的正效应，这一结果也较好地吻合了主流经济学理论的预测。但是，GDP 增长率对于社会就业的正效应远远小于奥肯定律所反映的水平。以国际原油价格为代理变量的外生冲击对于社会就业具有较小的负效应，但是这一效应在统计上不具有显著性。

本章的研究主要目的是考察变量的稳定性以及分析变量之间的长期协整关系。由于变量的平稳性以及非平稳的变量之间是否存在协整关系会直接影响到 VAR 和 SVAR 模型的设定和分析，所以本章的研究目的是为后面章节更好地建立 VAR 和 SVAR 模型对财政政策与货币政策的就业效应进行分析做铺垫。

本章的结构如下：首先，第二节对各个主要变量进行统计上的描述，分析其趋势性特征和稳定性特征；其次，第三节在第二节的基础上，采用了格兰杰的协整关系检验

① 见本书后面第 4.4.2 节的分析，财政支出的系数在 15% 的显著性水平上才具有统计显著性。

方法，即“EG 两步法”进行协整关系检验，并建立和估计了误差修正模型；再次，在第四节中，构建了计量经济模型，考察财政政策工具与货币政策工具对于中国社会就业的影响；最后是本章的小结。

4.2 变量平稳性分析

4.2.1 变量说明

本书的研究选取财政支出和宏观税负作为财政政策工具变量，选取流通中的现金数量和社会信贷余额作为货币政策工具变量；选取城镇登记从业人员人数作为因变量。本文中以上变量均取其自然对数。为了更好地分析各个指标变量的特征，本书首先对其统计性质进行简单的描述。

本书的样本时间为 1978 年至 2008 年共计 31 年的数据，所有的数据均来源于《新中国统计资料六十年汇编》《中国统计年鉴 2010》和《中国劳动统计年鉴 2010》。

4.2.2 平稳性的含义

对于任意随机变量，平稳性指的是变量的均值和方差均为有限的常数，变量之间协方差只与变量之间的距离有关，与变量所处的时间点无关。一般在计量经济学中，变量的平稳性主要指的是弱平稳性即协方差平稳。要求满足如下条件：

$$E(y_t)=E(y_{t-s})=\mu(s\neq 0)$$

$$E[(y_t-\mu)^2]=E[(y_{t-s}-\mu)^2]=\sigma^2$$

$$E[(y_{t1}-\mu)(y_{t1-s}-\mu)]=E[(y_{tk}-\mu)(y_{tk-s}-\mu)](k\neq 1)$$

对于平稳性的检验，一般采用迪基－富勒（DF）检验或拓展的迪基－富勒检验（ADF）。在时间序列计量经济学中，变量的平稳性对于分析变量的关系，有着极其重要的意义。

4.2.3 模型变量的平稳性检验

（1）登记就业人数变量的统计特征

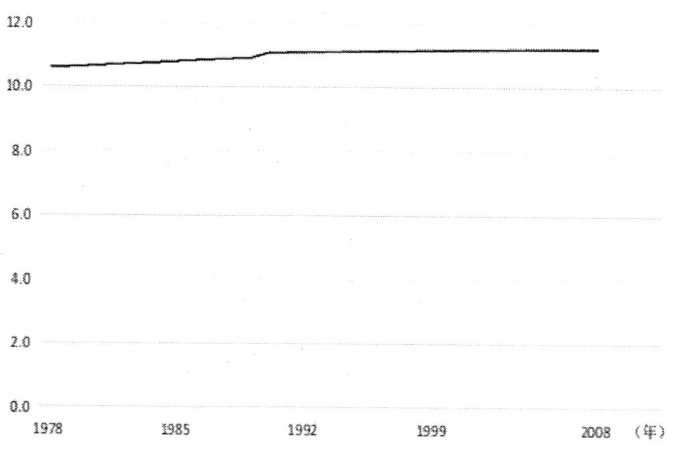

图 4.1 社会登记从业人员数量随时间变化

其中 Y 表示从业人员人数的自然对数。从图 4.1 中可以看出，随着时间的推移，中国的从业人员数量的对数经历了不断上升过程。但是，在 1990 年可能经历了一次结构性突变。为了对这一关系进行处理，本书定义虚拟变量序列 $d1$，其取值方式为：若所选取的数据为 1990 年的数据，那么 $d1$ 的取值为 1；否则，取值为 0。

本书使用 Perron(1989) 提出的检验方法，构造以下方程：

$$y_t = a_0 + \mu_1 d1 + a_1 t + a_2 y_{t-1} + \sum_{i=1}^{k} \Delta y_{t-i} + \xi_t \tag{4.1}$$

式中 y 表示社会登记就业数量的对数，t 表示时间趋势变量，Δy 为因变量社会登记就业人员数量的对数差分。在检验过程中，需要选取最优的滞后长度。在实践中，Preeon 检验一般需要建立如下的零假设和备择假设：

$$H_1 : y_t = a_0 + y_{t-1} + \mu_1 D_p + \xi_t$$

$$A_1 : y_t = a_0 + a_2 t + \mu_2 D_l + \xi_t$$

式中，D_p 表示一个脉冲虚拟变量，定义 $\tau = 1989$ 年，如果 $t = \tau + 1$，则 $D_p = 1$，否则 $D_p = 0$。而 D_l 表示一个水平虚拟变量，如果 $t > \tau$，则 $D_l = 1$，否则 $D_l = 0$。因此在零假设下，序列为一个单位根过程，且在 1990 年有一次性的跳跃。在备择假设下，序列为一个趋势平稳的序列，且截距项有一个一次性跳跃。检验的程序一般分为以下三个步骤：

第一步，通过估计备择假设下的模型，获取模型的残差 $\hat{y}_t$，从而剔除了模型中存在的趋势性。因此，每个 $\hat{y}_t$ 的值都是模型 $y_t = a_0 + a_2 t + \mu_2 D_l + \hat{y}_t$ 的残差值。在 Eviews5.0 下，估计的结果如下：

$$y_t = 10.64103635 + 0.02308611008t + 0.1371177536 D_l$$

(0.022426)　　(0.001213)　　(0.061426)

(474.5031)　　(19.02583)　　(2.232238)

F 统计量 =181.5626　　p =0.000000

式中方程下方第一行括号里面的数字为各个系数的标准误，第二行为模型的 t 统计量。从各个系数的t统计量值来看，各个系数在统计上是显著的。模型的F统计量为181.5626，对应的P值为0.000000，所以模型是整体显著的。

通过第一步的估计，我们可以得到备择模型的残差序列$\{\hat{y}_t\}$，那么就可以进行第二步的检验。

第二步，利用第一步生成的残差序列，进行估计以下回归方程：

$$\hat{y}_t = a_1\hat{y}_{t-1} + \xi_t \tag{4.2}$$

在单位根零假设下，系数的理论值为1。估计的结果如下：

$$\hat{y}_t = 0.9251958841\hat{y}_{t-1}$$

(0.084333)

(10.97073)

同样地，方程下方第一行括号里面的数字为系数的标准误，第二行为模型的t统计量，P值为0.000000。从各个系数的t统计量值来看，系数在统计上是显著的。Perron(1989)的研究指出，残差是均匀独立分布时，系数a_1的分布取决于发生突变前的样本容量在总样本中所占的比例。本书用$\lambda=\tau/T$表示这一比例，其中T表示样本总量。

第二步在估计出方程（4.2）之后，需要对其残差进行序列相关检验，本书采用残差序列相关的LM检验，检验的结果如表4.1所示：

表4.1　残差序列相关的LM检验结果

Breusch-Godfrey Serial Correlation LM Test:			
F-statistic	0.258567	0000Probability	0.774048
Obs*R-squared	0.523705	0000Probability	0.769625

从表4.1中可以看到，方程（4.2）的残差序列不存在序列相关性。所以，可以进行第三步检验。

第三步，计算$a_1=1$的t统计量，将其计算的临界值与Perron计算的临界值进行比较。

$$t = \frac{\hat{a}_1 - a_1}{se(\hat{a}_1)} = \frac{0.9251958841-1}{0.084333} = -0.0889$$

由于$\lambda=\tau/T=12/31=0.387$，在5%显著性水平上其临界值为-3.76，所以无法拒绝对数就业变量存在单位根的原假设，即就业对数序列存在一个单位根。

（2）财政政策工具变量的稳定性分析

本书选取财政支出和宏观税负作为财政政策的工具变量，由于变量的平稳性对于后面的分析极其重要，所以，本章研究各个变量的平稳性。本书定义FE表示财政支出的对数，TAX表示宏观税负。图4.2分别给出了财政政策工具变量——财政支出和宏观税负随时间变化的趋势。从财政支出的变化趋势中，可以看到从1978年到2008年，中国的财政支出一直随时间呈现上升趋势，为了更好地检验其稳定性，本书对其进行单位根检验。

在实践中，在研究中，单位根检验主要是检验以下方程：

$$\Delta y_t = \gamma y_{t-1} + \sum_{i=2}^{p} \beta_i \Delta y_{t-i+1} + \xi_t \tag{4. 3. a}$$

$$\Delta y_t = a_0 + \gamma y_{t-1} + \sum_{i=2}^{p} \beta_i \Delta y_{t-i+1} + \xi_t \tag{4. 3. b}$$

$$\Delta y_t = a_0 + \gamma y_{t-1} + a_2 t + \sum_{i=2}^{p} \beta_i \Delta y_{t-i+1} + \xi_t \tag{4. 3. c}$$

式中 Δy_t 表示因变量的差分，t 表示时间，可以用来反映趋势；ξ 表示模型的误差。从方程（4. 2. a）到方程（4. 2. c）依次为不含截距项和趋势的单位根检验方程、仅含截距项的单位根检验方程以及带截距项和趋势的单位根检验方程。在检验过程中，需要确定因变量差分项变量滞后的阶数，在 Eviews5. 0 中，经常采用的是施瓦茨信息准则（SC）和赤池信息准则（AIC）来选取最优的滞后长度。在检验过程中，我们发现滞后 7 期为最优的滞后阶数，检验的结果显示存在单位根。

表 4. 2　中国财政支出变量的平稳性检验结果

变量	模型	ADF 值	临界值	AIC	SC	稳定性
FE	(c, t, 7)	-2. 195711	-3. 248592***	-3. 687157	-3. 193464	不稳定
	(c, t, 7)	-5. 610951	-4. 323979*	-3. 746811	-3. 556496	稳定

注：其中带“***”号表示对应的数值取的是 10% 显著性水平对应的临界值；带“*”号的是取 1% 显著性水平对应的临界值。

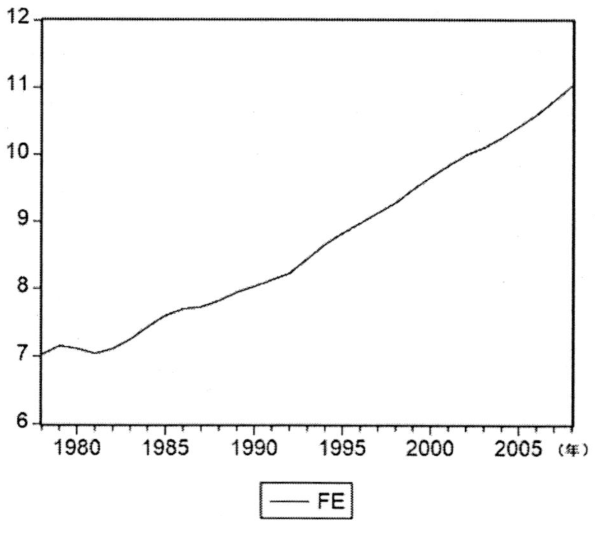

图 4. 2　财政支出随时间变化

同样，从宏观税负随时间变化的趋势中，我们可以看到中国的宏观税负经历了较大的波动，对其进行单位根检验时发现 6 阶滞后是最优的滞后长度，检验的结果显示中国的宏观税负序列也是一个单位根序列。

表 4.3　中国宏观税负变量的平稳性检验结果

变量	模型	ADF 值	临界值	AIC	SC	稳定性
TAX	(c, t, 6)	-1.910970	-3.243079***	-4.303313	-3.861543	不稳定
DTAX	(c, 0, 0)	-5.241931	-3.679322*	-4.819340	-4.725044	稳定

注：其中带“***”号表示对应的数值取的是 10% 显著性水平对应的临界值；带“*”号的是取 1% 显著性水平对应的临界值。

（3）货币政策工具变量的稳定性分析

本书选用流通中的现金数量（ M_0 ）和社会信贷余额作为货币政策工具变量。从流通中的现金数量的对数随时间变化的趋势中，可以看到从 1978 年到 2008 年，中国经济中流通中的现金数量的对数随时间而不断上升。与以上单位根检验类似，首先对流通中的现金数量的对数进行单位根检验结果如下：

表 4.4　流通中的现金数量变量的平稳性检验结果

变量	模型	ADF 值	临界值	AIC	SC	稳定性
M	(c, t, 4)	-1.093164	-3.233456***	-2.214945	-1.876226	不稳定
DM	(c, t, 4)	-3.540604	-3.238054*	-2.263185	-1.921900	稳定

注：其中带“***”号表示对应的数值取的是 10% 显著性水平对应的临界值。

从表 4.4 中，可以看出在 10% 的显著性水平下，流通中的现金数量 M_0 为一个单位根过程。

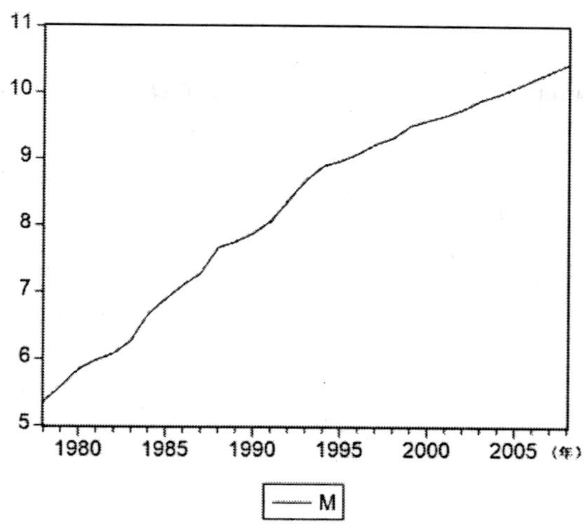

图 4.3 流通中的现金流量随时间变化

同样的方法可以运用于检验社会信贷余额（CL），对其检验的结果显示如下：

表 4.5 社会信贷余额变量的平稳性检验结果

变量	模型	ADF 值	临界值	AIC	SC	稳定性
CL	(c, t, 1)	-1.203908	-3.225334***	-3.153068	-2.962753	不稳定
DCL	(c, t, 4)	-4.086363	-3.612199**	-3.424889	-3.081290	稳定

注：其中带“***”号表示对应的数值取的是 10% 显著性水平对应的临界值，带“**”号的为 5% 显著性水平对应的临界值。

表 4.5 中，检验的结果显示社会信贷余额的对数为一个单位根过程。

4.3 协整关系分析

4.3.1 协整关系的含义

对于非平稳的变量序列，如果能够通过某种线性组合，使其组合形成的变量为平稳的变量，则称变量之间具有协整关系，或者称为“长期均衡关系”。如果使用数学语言来阐释就是，如果我们研究两个非平稳的时间序列变量序列 $\{x_t\}$ 和 $\{y_t\}$，且二者均为单位根过程或一阶单整 I(1)，如果 x_t 和 y_t 的一个线性组合 $z_t = x_t - \beta y_t$ 构成了一个平稳的过程，则称序列 $\{x_t\}$ 和 $\{y_t\}$ 具有协整关系，并且协整向量为 $(1,-\beta)$。

一般而言，如果满足如下条件，则称向量 $X_t = (x_{1t}, x_{2t} \cdots x_{tm})'$ 为具有 (d,b) 阶的协整向量，记作 $X_t \sim CI(d,b)$。这些条件是：

（1）X_t 中所有元素具有相同的且大于零的单整阶数；

（2）存在一个协整向量 $\beta=(\beta_1,\beta_2\cdots\beta_m)'$，使得线性组合 βX_t 具有 (d,b) 阶单整性质。

一般来讲，协整向量并不是唯一的，但是总是可以通过 β 对进行标准化，使得 $\beta_1=1$，从而将协整向量写成 $\beta=(1,\beta_2\cdots\beta_m)'$ 的形式。

在实践中，考察变量之间的协整关系，就是要找出协整向量。Engle & Granger (1987) 的研究提供了一种较为简单而实用的办法，在时间序列计量经济学研究中经常称为“EG 两步法”。其步骤如下：

第一步，建立以下回归方程：

$$y_t=c+\beta x_t+e_t \tag{4.4}$$

采用最小二乘法 (OLS) 估计以上方程 (4.4)，并且保留其残差序列 $\{\hat{e}_t\}$，即

$$\hat{e}_t=y_t-\hat{c}-\hat{\beta}x_t \tag{4.5}$$

如果接下来的步骤检验确实发现二者之间的确具有协整关系，那么模型方程 (4.4) OLS 估计量将具有统计上的“超一致性”①(Super Consistent)。

第二步，利用特殊的检验临界值来检验残差序列是否为平稳序列，可以考虑对残差序列进行以下 ADF 检验：

$$\Delta\hat{e}_t=a_1e_{t-1}+\sum_{i=1}^{k}a_{i+1}e_{t-i}+\xi_t \tag{4.6}$$

由于以上分析的变量社会就业、财政政策工具和货币政策工具变量都具有一阶单整的性质，所以依据以上协整关系的定义，本书对其进行协整关系分析。

如果第二步的协整关系确实存在，那么建立以下误差修正模型：

$$\Delta y_t=c_{10}+\gamma_{11}\hat{e}_{t-1}+\theta_1(L)\Delta y_{t-1}+\vartheta_1(L)\Delta x_{t-1}+\xi_{1t} \tag{4.7}$$

$$\Delta x_t=c_{10}+\gamma_{11}\hat{e}_{t-1}+\theta_2(L)\Delta y_{t-1}+\vartheta_2(L)\Delta x_{t-1}+\xi_{2t} \tag{4.8}$$

其中 $\hat{e}_{t-1}=y_{t-1}-\hat{c}-\hat{\beta}x_{t-1}$，$\theta_1(L)$、$\theta_2(L)$ 和 $\vartheta_2(L)$ 均为滞后算子 L 的多项式。对以上模型 (4.7) 和模型 (4.8) 进行估计并且针对估计的结果进行诊断检验。

4.3.2 财政政策工具变量与社会就业变量之间的协整关系分析

（1）财政支出与社会就业之间的协整关系分析

参考以上关于协整关系的检验方法，为了检验社会就业变量和财政支出 (fe) 变量之间的协整关系，需要建立形如方程 (4.4) 的方程，并采用 OLS 估计，结果如下：

$$\hat{y}_t=9.659280171+0.1562598903fe_t \tag{4.9}$$

(0.114491)　　(0.013063)

(84.36693)　　(11.96214)

其中 $\hat{y}_t$ 表示社会登记从业人员数量的对数，fe_t 表示财政支出的对数。方程下方第一行小括号里面的数据为各个系数的标准误；第二行的数据为各个系数的 t 统计量。从 t 统计量的数值中，可以看出以上回归方程 OLS 回归系数是显著的。回归的 F 统计量为

① 对于一般的统计量而言，其收敛的速度为 $\sqrt{T}$，而具有长期协整关系的变量的估计量收敛的速度为 T。在时间序列计量经济学中，将这一性质称为“超一致性”。关于“超一致性”更为详细和专业的讨论可以参考 Stock(1987) 的研究。

143.0928，对应的 p 值为 0.000000，所以回归是整体显著的。

第二步需要对第一步回归的残差进行 ADF 检验，不过需要注意的是，在这里方程中一般不包含截距项。检验的结果表明在不含截距项且含有 1 阶滞后项的 ADF 检验中，ADF 值为 -1.542098，在 10% 的显著性水平下，无法拒绝回归方程的残差序列为单位根序列。因此，社会登记从业就业人员数量的对数与财政支出的对数之间不存在协整关系。

由于社会登记就业人数的对数与财政支出的对数之间不具有协整关系，且二者均为非平稳序列，所以在后续的 VAR 研究中，必须对其做出相应的处理。

（2）宏观税负与社会就业之间的协整关系分析

参考以上的分析，构建宏观税负（tax）与社会就业（y）之间的回归方程，并且采用 OLS 估计，得到如下方程：

$$\hat{y}_t = 11.13716737 - 0.864109496 tax_t \tag{4.10}$$

0.199190)　　　(1.379062)

(55.91231)　　　(-0.626592)

方程下方第一行小括号里面的数据为各个系数的标准误；第二行的数据为各个系数的 t 统计量。从 t 统计量数值中，可以看出以上回归方程 OLS 回归系数是不显著的。回归的 F 统计量为 0.392618，对应的 p 值为 0.535828，所以回归不具有整体显著性。同样对其回归残差的 ADF 检验也不是平稳的。因此，宏观税负与社会登记从业人员数量的对数之间不具有协整关系。

由于社会登记就业人数的对数与宏观税负的对数之间不具有协整关系，且二者均为非平稳序列，所以在后续的 VAR 研究中，必须对其做出相应的处理。

4.3.3 货币政策工具变量与社会就业之间的协整关系分析

（1）流通中的现金数量（M）与社会就业之间的协整关系分析

类似于以上的检验程序，我们得到以下方程：

$$\hat{y}_t = 9.898875 + 0.134898 m_t \tag{4.11}$$

(0.037401) (0.004442)

(264.6671) (30.36596)

方程下方第一行小括号里面的数据为各个系数的标准误；第二行的数据为各个系数的 t 统计量。从 t 统计量的数值中，可以看出以上回归方程 OLS 回归系数是显著的。回归的 F 统计量为 922.0913，对应的 p 值为 0.000000，所以回归是整体显著的。

同样地，第二步需要对方程（4.10）的回归残差进行不含截距项的 ADF 单位根检验，检验的结果显示，在不含截距项且含有滞后 1 期项的 ADF 检验中，ADF 值为 -2.424946，在 2% 的显著性水平下，显著的拒绝含有单位根的原假设，即方程（4.11）的残差序列为平稳的序列，所以，社会登记从业人员数量的对数与流通中的现金数量的对数之间存在协整关系。

由于二者之间协整关系表示的是二者之间的长期均衡关系，为了分析二者短期偏离均衡状态时向长期均衡修正的速度，建立形如方程（4.7）的误差修正模型，并得到如下结果：

$$\Delta y_t = 0.008790 + 0.055630\Delta m - 0.286733\hat{e}_{t-1} + 0.201738\Delta y_{t-1}$$

$$\Delta m_t = 0.098785 + 0.538724\Delta y_t + 0.890117\hat{e}_{t-1} + 0.318354\Delta m_{t-1}$$

以上误差修正模型的结果显示：社会就业在短期内如果偏离长期均衡，则其向长期均衡修正的速度为 0.29，并且这一修正速度在 10% 的显著性水平上是显著的；如果流通中的现金数量在短期内偏离其长期均衡关系，那么其向长期均衡修正的速度为 0.89，并且这一修正速度在 5% 的显著性水平上是显著的。

（2）信贷余额（CL）与社会就业之间的协整关系

参考以上关于流通中的现金数量（M）与社会就业之间协整关系的检验，我们得到以下方程：

$$\hat{y}_t = 9.660471 + 0.132730cl_t \tag{4.12}$$

(0.057338) (0.005587)

(168.4823) (23.73791)

方程下方第一行小括号里面的数据为各个系数的标准误；第二行的数据为各个系数的 t 统计量。从 t 统计量的数值中，可以看出以上回归方程 OLS 回归系数是显著的。回归的 F 统计量为 564.4328，对应的 p 值为 0.000000，所以回归是整体显著的。

第二步对回归方程（4.12）的 OLS 残差进行不含截距项的 ADF 单位根检验，检验结果显示，在不含截距项且含有滞后 1 期项的 ADF 检验中，ADF 值为 -1.656704，在 9% 的显著性水平上，显著性拒绝含有单位根的原假设。

同样地，在得到二者之间协整关系之后，我们建立误差修正模型并估计，得到如下结果：

$$\Delta y_t = -0.005005 + 0.163921\Delta cl_t - 0.218909\hat{e}_{t-1} + 0.131946\Delta y_{t-1}$$

$$\Delta cl_t = 0.154815 + 0.616707\Delta y_t + 0.605666\hat{e}_{t-1}$$

以上误差修正模型的结果显示：如果社会就业在短期内偏离长期均衡，则其向长期均衡修正的速度为 0.22，并且这一修正速度在 13% 的显著性水平上是显著的；如果信贷余额在短期内偏离其长期均衡，则其向长期均衡的修正速度为 0.61，并且这一修正速度在 1% 的显著性水平上是显著的。

4.4 模型的估计

4.4.1 样本说明与变量描述

本章之前的研究表明：财政政策工具变量——财政支出和宏观税负与社会就业之间不存在协整关系，而货币政策工具变量——流通中的现金数量和社会信贷余额与社会就业之间存在协整关系。但是，中国自 1978 年至 2008 年的财政政策工具变量与货币政策工具变量对于中国社会就业各有多大的贡献呢？本书目前的研究还没有对这一问题做出回答。

程俊峰（2010）的研究分析了财政政策工具变量与社会就业之间的关系。在研究中，他首先对社会就业与财政政策工具之间的协整关系进行了分析，并在此基础上构建计量模型分析不同的财政政策工具对中国社会就业的贡献。这篇博士学位论文采用了较为规范的方法对这一问题进行了分析，但是由于样本不足，其研究的结论为小样本下的研究，其结果稳健性可能较差。

本章的研究参照程俊峰（2010）的研究方法，构建类似的计量模型，分析财政政策工具及货币政策工具与中国社会就业之间的关系。与之不同的是[①]，由于本书研究发现，财政政策工具变量与社会就业之间不存在协整关系，并且社会就业和财政政策工具变量——财政支出与宏观税负均为单位根过程，所以必须进行差分之后才能进行回归分析和研究。

依据以上分析，本书将构建经验研究模型用于分别估计财政政策工具与货币政策工具对于社会就业的作用。不过，第一步需要确定计量经济模型中应该包含的主要变量。首先，著名的奥肯定律认为经济的增长率会对社会就业产生非常重要的影响，所以，在我们的模型中包含了经济的增长率。为了更具体地获得这一指标，我们定义国内生产总值（GDP）代表经济增长率。此外，影响社会就业的因素还包括一些外在的冲击，如石油价格冲击等。

基于以上分析，本书将构建实证模型，考察财政政策工具与货币政策工具对于社会就业的影响。在实证模型中，加入 GDP 的增长率和石油价格冲击。其中，石油价格采用的是以 2009 年不变价格计算的国际原油价格，其数据来源于 BP(2010)。GDP 的增长率来自《新中国统计资料六十年汇编》。

① 程俊峰（2010）的研究发现财政支出与社会就业之间存在协整关系。

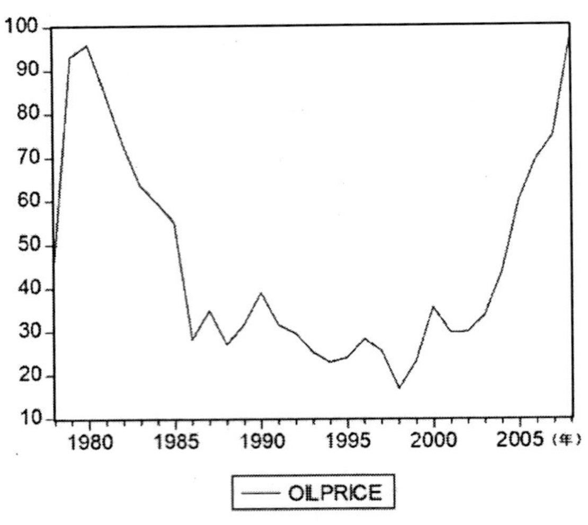

图 4.4　原油价格随时间变化

图 4.4 为以 2009 年不变价格计算的国际原油价格自 1978 年至 2008 年的走势。从其走势来看，经历了一个先上升后下降再上升的过程，所以国际原油价格不是一个平稳的序列。对其取自然对数以后，采用 ADF 检验考察其稳定性，检验的结果如下：

表 4.6　国际原油价格的平稳性检验结果

变量	模型	ADF 值	临界值	AIC	SC	稳定性
lnoilprice	(c, t, 1)	-0.378135	3.221728***	-0.027222	0.161370	不稳定
dlnoilprice	(c, t, 1)	-5.436120	-4.323979*	-0.100714	0.089601	稳定

注：其中带“***”号表示对应的数值取的是 10% 显著性水平对应的临界值，带“*”号的为 1% 显著性水平对应的临界值。

以上 ADF 检验的结果表明，石油价格的对数序列为单位根过程。由于本书研究的目的在于考察国际原油价格波动对于社会就业的影响，所以需要对以上数据进行如下对数差分处理。如果使用变量 doilprice 变量表示国际原油价格的对数差分，则

$$doilprice = \ln(oilprice_t) - \ln(oilprice_{t-1})$$

另一个重要的变量是经济的增长率，我们选用了中国 1978 年至 2008 年的 GDP 增长率表示经济的增长率。本书使用 gdprate 表示 GDP 增长率变量。

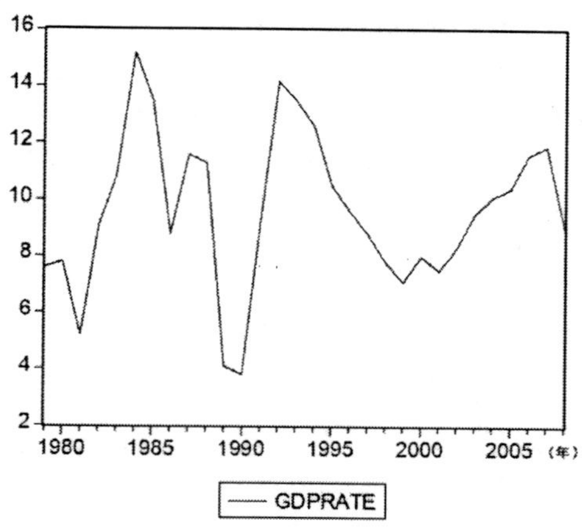

图 4.5 经济增长率随时间变化

从图 4.5 可以看出 GDP 的增长率不是一个平稳的变量，本书利用 ADF 检验对其进行单位根检验，检验的结果如表 4.7 所示：

表 4.7 经济增长率变量的平稳性检验结果

变量	模型	ADF 值	临界值	AIC	SC	稳定性
Gdprate	(c, t, 7)	-2.569025	-3.248592***	4.206722	4.700415	不稳定
dgdprate	(c, t, 6)	-3.638468	-3.622033**	4.530340	4.974664	稳定

注：其中带“***”号表示对应的数值取的是 10% 显著性水平对应的临界值，带“**”号的为 5% 显著性水平对应的临界值。

检验的结果显示 GDP 的增长率序列 grprate 为单位根过程。所以在建立计量模型时，必须使用其差分数据以保障数据的平稳性。

4.4.2 计量模型的建立与估计

依据以上分析，构建以下计量经济模型：

$$y_t = c + \alpha_1 \Delta fe_t + \alpha_2 \Delta tax_t + \beta_1 m_t + \beta_2 cl_t + \gamma_1 gdprate_t + \gamma_2 doilprice_t + \xi_t \quad (4.13)$$

以上模型中，由于财政支出和宏观税负均为一阶单整过程，并且与社会登记从业人员的对数之间不存在协整关系，所以我们采用的是其差分形式，以保证变量的平稳性。同样的设定也适用于 GDP 的增长率和石油价格的对数；而货币政策工具变量与因变量——社会登记从业人员的对数之间存在协整关系，所以使用的是其对数的水平值。使用 1979 年至 2008 年的数据对模型（4.13）进行估计，得到如下结果：

$$\hat{y}_t = 10.14191 + 0.088746 \Delta fe_t - 0.162013 \Delta tax_t + 0.289833 m_t + 0.148040 cl_t$$

(0.106622)　(0.063629)　(0.137681)　(0.065710)　(0.062129)

(95.11982)　(1.3947413)　(-1.1767273)　(4.410769)　(2.382771)

$$+0.004542\Delta gdprate_t - 0.001085\Delta oilprice_t$$

(0.002367)　　　　(0.026418)

(1.919121)　　　　(-0.041065)

回归的 R^2 =0.97789，$\bar{R}^2$ =0.971995; F统计量为 168.7554，对应的p值为 0.000000，说明了以上回归方程在整体上是显著的。对以上方程进行 Ramsey 回归方程设定偏误检验（Regression Equation Specification Error Test，RESET）的结果也显示以上模型即式（4.13）不存在模型设定（遗漏重要变量）偏误。从以上方程回归的结果来看，财政政策工具变量——财政支出对于社会就业存在较小的正效应，且这一正效应在 15%的显著性水平上具有统计上的显著性。而另一财政政策工具——宏观税负对于社会就业具有较小的负效应，且这一负效应在 20% 的显著性水平上是显著的。

主流经济学理论认为，石油价格冲击这一来自供给方的冲击将对实体经济产生影响，甚至引起经济的衰退。本书模型回归的结果也发现了这一负效应的存在，却是不显著的。

GDP 的增长率对于社会就业具有正的效应，且这一效应在 7% 的显著性水平上具有统计显著性。这一效应也基本符合主流经济学理论所描述的增长与就业的关系。但是，回归的结果显示：在中国，经济增长（以 GDP 增长率为代理变量）对于社会就业的促进作用较小，至少远远小于奥肯定律所反映的水平，大约 GDP 每上升一个百分点，社会就业率增加 0.014 个百分点。而后者（奥肯定律）所描述的水平为 GDP 每上升两个百分点，社会失业率下降一个百分点。

货币政策工具变量对于社会就业存在显著性效应。其中流通中的现金数量对社会就业存在正的促进作用，这一关系恰好就是主流经济学中的菲利普斯曲线所反映的关系。社会信贷余额对于社会就业存在显著的正效应意味着社会信贷余额越大，经济中的投资越多，社会就业得到促进；相反，社会信贷余额少，则意味着经济中投资的减少，将不利于促进社会就业。

最后，需要说明的是，由于财政政策、货币政策与石油价格冲击本身对于经济增长率存在影响，所以本章构建的经验研究的模型可能存在多重共线性的问题。为此，本章计算了各个解释变量的方差膨胀因子（Variance Inflation Factor，VIF），其计算的结果如下：

表 4.8　方差膨胀因子

Variable	VIF	1/VIF
Δfe	1.03	0.971
Δtax	1.01	0.990
m	1.21	0.826
cl	1.23	0.813
$\Delta gdprate$	1.04	0.962
$\Delta oilprice$	1.09	0.917
MEAN VIF	1.10	

从表 4.8 中可以看出，以上模型（4.13）的各个变量对应的方差膨胀因子。由于最大的方差膨胀因子为 1.23，远远小于多重共线性问题警戒值 10，所以在本书的经验研究中，不必担心由于多重共线性带来的问题，或者说以上经验研究模型中的多重共线性问题并不严重。

但是，经济学理论认为社会就业可以促进经济的增长，所以经济增长率在本章的研究中可能是一个内生解释变量。为了解决这一问题，本书采用被解释变量社会就业的一阶滞后项作为工具变量，采用两阶段最小二乘估计（以下简称“2SLS”）、广义矩估计（以下简称“GMM”）、迭代广义矩估计（以下简称“IGMM”）和有限信息极大似然估计（以下简称“LIML”）方法重新估计了以上方程，结果显示在表 4.9 中。

表 4.9 的第二列为 2SLS 估计的结果，与基本 OLS 估计的结果相似，财政政策工具对于社会就业的影响较小且不具有统计显著性；而货币政策工具对于社会就业均具有显著性作用；GDP 增长率对于社会就业存在显著性的促进作用，但是这一作用远远小于货币政策的作用；外生石油价格冲击对于社会就业没有显著性影响。

表 4.9 IV 估计的结果

	2SLS	GMM	IGMM	LIML
Δfe	0.07936	0.06741	0.06741	0.07936
	(0.05741)	(0.05911)	(0.05911)	(0.05741)
Δtax	-0.14003	-0.14104	-0.14103	-0.14003
	(0.14101)	(0.15333)	(0.15379)	(0.14101)
m	0.29743***	0.28771***	0.28270***	0.29743***
	(0.06592)	(0.09775)	(0.09776)	(0.06594)
cl	0.13529**	0.14902***	0.14901***	0.13528**
	(0.06013)	(0.04103)	(0.04142)	(0.06013)
$\Delta gdprate$	0.00618**	0.00698**	0.00698**	0.00618**
	(0.00157)	(0.00144)	(0.00149)	(0.00159)
$\Delta oilprice$	-0.00042	-0.00041	-0.00041	-0.00042
	(0.02541)	(0.02541)	(0.02785)	(0.02541)
R-squared	0.670	0.670	0.670	0.670
Observations	30	30	30	30

注：***、** 分别表示在 10%、5% 显著性水平上显著。

为了防止弱工具变量带来的种种估计问题，我们采用了对弱工具变量不是很敏感的 LIML 估计，估计的结果显示在表 4.9 的第五列。该估计结果与 2SLS 估计的结果大体上是一致的。一方面表明了我们所选取的工具变量不是一个弱工具变量；另一方面也表明

OLS 估计的结果是比较稳健的结果——各种因素对于社会就业的影响不随估计方法的改变而改变。

表 4.9 的第三列和第四列是 GMM 和 IGMM 估计的结果，二者均与 2SLS 和 LIML 估计的结果相差无几。

4.5 本章小结

本章主要的研究目的是分析财政政策工具、货币政策工具与社会登记从业人员数量之间的稳定性和协整关系，以便深入考察财政政策冲击和货币政策冲击对于社会就业的效应。首先回顾了国内的相关研究，结果发现由于数据的缺乏，国内的相关研究大多采用了小样本的估计与分析，故研究的结论不具有稳健性。为了克服这一问题，本章进行了结构突变的 Perron 检验，检验结果发现，中国的社会就业量在 1990 年经历了一次结构性突变。

本章通过采用扩展的迪基 - 富勒检验（ADF）发现财政政策工具变量——财政支出与宏观税负和货币政策工具变量——流通中的现金数量（ M_0 ）和社会信贷余额均为单位根过程。在此基础上，本章采用了“EG 两步法”对社会就业与以上财政政策工具变量及货币政策工具变量进行了协整关系检验，检验结果发现，财政政策工具变量与社会就业之间不存在协整关系，而货币政策工具变量与社会就业之间存在协整关系。在得到货币政策工具与社会就业之间的协整关系之后，本章估计了误差修正模型，并且得到了在短期内偏离长期均衡关系时，货币政策工具变量向长期均衡的修正速度。

最后，估计了一个包含财政政策工具变量与货币政策工具变量的模型，研究结果发现财政支出对于社会就业具有较小的正效应，而宏观税负对于社会就业具有负效应，这一负效应在较大的显著性水平上才显著；流通中的现金数量和社会信贷余额对于社会就业均具有显著的正效应。

在本章的模型中还包含了 GDP 的增长率变量和外生冲击的代理变量——石油价格冲击。模型估计的结果表明：GDP 的增长率对于社会就业具有正的显著性效应，而石油价格冲击对于社会就业存在不显著的负效应。

本章附录

附录一：中国自 1978 年至 2008 年历年财政支出与宏观税负数据

年份	财政支出（亿元）	税收总量（亿元）	GDP 总量（亿元）
1978	1122.09	519.28	3645.2
1979	1281.79	537.82	4062.6
1980	1228.83	571.70	4545.6
1981	1138.41	629.89	4891.6

续表

年份	财政支出（亿元）	税收总量（亿元）	GDP 总量（亿元）
1983	1409.52	775.59	5962.7
1984	1701.02	947.35	7208.1
1985	2004.25	2040.79	9016.0
1986	2204.91	2090.73	10275.2
1987	2262.18	2140.36	12058.6
1988	2491.21	2390.47	15042.8
1989	2823.78	2727.40	16992.3
1990	3083.59	2821.86	18667.8
1991	3386.62	2990.17	21781.5
1992	3742.20	3296.91	26923.5
1993	4642.30	4255.30	35333.9
1994	5792.62	5126.88	48197.9
1995	6823.72	6038.04	60793.7
1996	7937.55	6909.82	71176.6
1997	9233.56	8234.04	78973.0
1998	10798.18	9262.80	84402.3
1999	13187.67	10682.58	89677.1
2000	15886.50	12581.51	99214.6
2001	18902.58	15301.38	109655.2
2002	22053.15	17636.45	120332.7
2003	24649.95	20017.31	135822.8
2004	28486.89	24165.68	159878.3
2005	33930.28	28778.54	184937.4
2006	40422.73	34804.35	216314.4
2007	49781.35	45621.97	265810.3
2008	62592.66	54223.79	314045.4

注：以上数据均来源于《新中国统计资料六十年汇编》《中国统计年鉴 2010》；宏观税负指标采用税收总量除以 GDP 总量来得到。

附录二：中国自 1978 年至 2008 年的历年流通中现金数量的与信贷余额数据

年份	（亿元）	信贷余额（亿元）
1978	212.0	1890.4
1979	267.7	2082.5
1980	346.2	2478.1

续表

年份	（亿元）	信贷余额（亿元）
1981	396.3	2853.3
1982	439.1	3162.7
1983	529.8	3566.6
1984	792.1	4746.8
1985	987.8	6198.4
1986	1218.4	8142.7
1987	1454.5	9814.1
1988	2134.0	11964.3
1989	2344.0	14248.8
1990	2644.4	17511.0
1991	3177.8	21116.4
1992	4336.0	25742.8
1993	5864.7	32955.8
1994	7288.6	39976.0
1995	7885.3	50544.1
1996	8802.0	61156.6
1997	10177.6	74914.1
1998	11204.2	86524.1
1999	13455.5	93734.3
2000	14652.7	99371.1
2001	15688.8	112314.7
2002	17278.0	131293.9
2003	19746.0	158996.2
2004	21468.3	178197.8
2005	24031.7	194690.4
2006	27072.6	225347.2
2007	30375.2	261690.9
2008	34219.0	303394.6

附录三：国际原油价格（1978—2008 年）　　单位：美元 / 桶

年份	现价	不变价格
1978	14.02	46.13
1979	31.61	93.14
1980	36.83	95.89

续表

年份	现价	不变价格
1981	35.93	84.80
1982	32.97	73.30
1983	29.55	63.65
1984	28.78	59.43
1985	27.56	54.95
1986	14.43	28.25
1987	18.44	34.82
1988	14.92	27.06
1989	18.23	31.53
1990	23.73	38.94
1991	20.00	31.51
1992	19.32	29.54
1993	16.97	25.20
1994	15.82	22.90
1995	17.02	23.95
1996	20.67	28.26
1997	19.09	25.52
1998	12.72	16.74
1999	17.97	23.14
2000	28.50	35.50
2001	24.44	29.61
2002	25.02	29.84
2003	28.83	33.62
2004	38.27	43.46
2005	54.52	59.89
2006	65.14	69.32
2007	72.39	74.90
2008	97.26	96.91

注：不变价格为 2009 年不变价；数据均来源于 BP(2010)。

附录四：中国历年 GDP 的增长率（1978—2008 年）

年份	GDP 增长率（%）	年份	GDP 增长率（%）
1978	11.7	1994	12.6
1979	7.6	1995	10.5

续表

年份	GDP 增长率 (%)	年份	GDP 增长率 (%)
1980	7.8	1996	9.6
1981	5.2	1997	8.8
1982	9.1	1998	7.8
1983	10.9	1999	7.1
1984	15.2	2000	8.0
1985	13.5	2001	7.5
1986	8.8	2002	8.3
1987	11.6	2003	9.5
1988	11.3	2004	10.1
1989	4.1	2005	10.4
1990	3.8	2006	11.6
1991	9.2	2007	11.9
1992	14.2	2008	9.0
1993	13.5		

资料来源：《新中国统计资料六十年汇编》。

第 5 章 财政政策冲击、货币政策冲击与社会就业——基于 VAR 模型的分析

5.1 引言

第 4 章的研究分析了财政政策工具变量和货币政策工具变量的稳定性，研究的结果表明：财政政策工具变量——财政支出与宏观税负均为一阶单位根过程（或一阶单整过程），且它们与反映社会就业的变量——社会登记从业人员之间不存在长期协整关系（或长期均衡关系）。货币政策工具变量——流通中的现金数量（ M_0 ）与社会信贷余额也均为一阶单位根过程，但是与财政政策工具变量不同，它们与社会就业变量——社会登记从业人员之间存在长期协整关系。在此基础上，第 4 章建立的经验研究模型，考察了财政政策工具与货币政策工具对于社会就业的影响。研究结果发现，财政政策工具与货币政策工具对于社会就业都具有显著性影响，其中财政支出对于社会就业具有显著的促进作用，宏观税负对于社会就业具有在较大显著性水平上才显著的负效应；流通中的现金数量（ M_0 ）和社会信贷余额对于社会就业均具有显著的正效应。因此，本书第 4 章的研究也基本符合国际上大多数研究的结论：不同的财政政策工具与货币政策工具对于社会就业的效应是不同的。但是，到目前为止，本书的研究还没有分析财政政策和（或）货币政策的冲击对于社会就业具有多大的效应。

在国内的研究中，与本书所要研究的问题类似的如程俊峰（2010）、张得志（2007）、陈桢（2006）的研究都没有考察财政政策冲击和（或）货币政策冲击对于社会就业的影响。在国外的研究中，Fatas & Mihov(1999) 使用向量自回归模型考察了财政政策与就业之间的关系，发现政府支出的增加会带来社会就业较小且具有较小持续性的增加。这一研究中采用的方法可以为本书所借鉴，用于考察财政政策冲击和货币政策冲击对于社会就业的作用。

实际上，可以采用两种不同的方法来考察财政政策冲击和（或）货币政策对于社会就业的作用。一种是本章将使用的研究方法——向量自回归模型（VAR）的方法；另一种是第 6 章将使用的结构向量自回归模型（SVAR）的方法。

本章的研究将首先建立包含财政政策工具和社会就业变量的 VAR 模型，考察财政政策工具——财政支出和宏观税负对于社会就业的影响，并求解脉冲响应函数和进行方差分解；其次建立包含货币政策工具与社会就业变量的 VAR 模型，考察货币政策工具——流通中的现金数量（ M_0 ）与社会信贷余额对于社会就业的影响，并在此基础上，求解脉冲响应函数和进行方差分解。研究结果发现：财政政策工具，无论是财政支出还是宏观税负的冲击，对于社会就业的影响均十分有限；而货币政策工具，无论是流通中的现

金数量还是社会信贷余额的冲击都对社会就业存在较大的正效应。但是，货币政策工具冲击对于社会就业波动的解释力却十分有限。

在此基础上，比较了财政政策工具冲击与货币政策工具冲击的就业效应的大小。研究结果表明，货币政策的就业效应要远远大于财政政策。

与国内相近的研究相比，本章主要做了以下几个方面的工作：

（1）采用了 VAR 模型系统对财政政策与货币政策的就业效应问题展开研究；

（2）在 VAR 模型系统框架下，考察了财政政策与货币政策就业效应的大小。

本章的研究结构安排如下：第 2 节，对一般的 VAR 模型进行分析；在第 2 节的基础上，第 3 节和第 4 节分别建立不同财政政策工具和货币政策工具的 VAR 模型，并求解各自的脉冲响应函数和进行方差分解；第 5 节将比较财政政策与货币政策工具社会就业效应的大小；最后是本章的总结。

5.2 一般的 VAR 模型分析

5.2.1 双变量 VAR 模型的建立

VAR 模型的实质是考察多个变量之间的动态互动关系，即考察一个变量与自身的滞后项、其他变量滞后项之间的关系。对于一个双变量 VAR 模型而言，假定两个变量分别为 y_t 和 x_t，那么双变量 VAR 模型实际上考察的是 y_t 和 x_t 与 y_t 和 x_t 的滞后项之间的关系。VAR 模型能够反映 y_t 和 x_t 一个单位的变化对 y_t 和 x_t 产生的影响。正因如此，VAR 模型被广泛用于考察随机冲击对经济系统的影响。双变量 VAR 系统可以写成如下形式：

$$\begin{bmatrix} y_t \\ x_t \end{bmatrix} = \begin{bmatrix} c_1 \\ c_2 \end{bmatrix} + \sum_{i=1}^{p} \begin{bmatrix} \phi_{11}^{(i)} & \phi_{12}^{(i)} \\ \phi_{21}^{(i)} & \phi_{22}^{(i)} \end{bmatrix} \begin{bmatrix} y_{t-i} \\ x_{t-i} \end{bmatrix} + \begin{bmatrix} \xi_{1t} \\ \xi_{2t} \end{bmatrix} \tag{5.1}$$

其中，c_1 和 c_2 为 VAR 系统的截距项，ϕ 为常数系数矩阵中的元素，i 表示 VAR 系统之后的阶数。在实际操作中，需要确定 VAR 系统滞后的阶数。一般是先大体确定一个滞后阶数，然后依据赤池信息准则（AIC）和施瓦茨信息准则（SC）来确定具体的滞后阶数。ξ_{1t} 和 ξ_{2t} 为白噪声过程（White Noise）。定义 ξ_t 表示式（5.1）中白噪声过程组成的矩阵，则 ξ_t 满足：

$$E(\xi_t) = E\begin{bmatrix} \xi_{1t} \\ \xi_{2t} \end{bmatrix} = 0$$

$$E(\xi_t \xi_t') = E\begin{bmatrix} \xi_{1t}^2 & \xi_{1t}\xi_{2t} \\ \xi_{2t}\xi_{1t} & \xi_{2t}^2 \end{bmatrix} = \Omega$$

$$E(\xi_t \xi_s') = 0 (s \neq t)$$

从上式中，可以看到 Ω 为对称的正定（Positive Definite）矩阵，0 表示零向量或零矩阵。如果采用滞后算子，可以将以上 VAR 系统写成以下较为简洁的形式：

$$\Phi(L)Y_t = C + \xi_t \tag{5.2}$$

其中$\Phi(L)$为滞后算子的p阶多项式，Y_t和C分别为由因变量构成的向量和截距项构成的向量。

5.2.2 双变量VAR模型的识别

对于VAR模型而言，其识别主要是其平稳性条件。一般情况下，对于VAR系统平稳性的考察主要是考察其弱平稳性，即如果以下条件满足，则称VAR系统（5.2）具有平稳性的特征。

$$E(Y_t) = \mu$$
$$E\{(Y_t - \mu)(Y_t - \mu)'\} = \Gamma_0$$
$$E\{(Y_t - \mu)(Y_{t-j} - \mu)'\} = \Gamma_j$$

其中，Γ_j定义的是Y_t在第j期的自协方差。

虽然上式给出了VAR系统的平稳性的界定，但是这一界定在实际操作中很少使用。一般而言，判定VAR系统平稳性的条件是$\Phi(L)$的特征根全部在单位圆之内，即方程的根全部在单位圆外。实践中，只要以上条件满足，就可以认为VAR系统具有稳定的系统。

$$|I - \Phi(L)| = 0$$

5.2.3 双变量VAR模型的估计和相关检验

对于VAR系统而言，常见的估计方法主要有极大似然估计（Maximum Likelihood Estimator，MLE）和最小二乘估计（OLS）两种。在以下设定的特定条件下，以上极大似然估计方法与最小二乘法估计出来的估计结果是等价的。这些特定的条件在实际操作中主要是对VAR系统的约束，如果对VAR系统没有任何特殊的约束，那么极大似然估计方法和最小二乘法估计的结果就是一样的。

5.2.4 双变量VAR模型的脉冲效应函数和方差分解

在形如式（5.2）的VAR系统中，往往估计出来的VAR模型各个参数值并不是研究的对象，在现实的研究中，更加关注变量之间的动态影响，脉冲响应函数（Impulse Response Function）能够较好地反映这种关系。

实际上，脉冲响应函数反映的是因变量（或被解释变量）向量Y_t在遭受一个单位的自变量（或解释变量）外生冲击时的动态变化路径。而方差分解（Variance Decomposition）能够将VAR系统内一个变量的方差分解到各个扰动项上，它提供了关于每个扰动因素影响VAR模型内各个变量的相对程度。所以，实质上，方差分解能够提供一个冲击要素的方差能够由其他随机扰动项解释多少的信息。

5.3 财政政策与社会就业 VAR 系统

5.3.1 财政支出与社会就业的 VAR 模型

参照式（5.1）关于 VAR 系统的设定，并且考虑到社会就业的代理变量——社会登记从业人员数量和财政支出变量均为单位根过程，且二者之间没有协整关系，所以首先需要对二者进行差分处理，使其变成平稳的序列组。在此基础上，构建以下 VAR 模型系统：

$$\begin{bmatrix} \Delta y_t \\ \Delta fe_t \end{bmatrix} = \begin{bmatrix} c_1 \\ c_2 \end{bmatrix} + \sum_{i=1}^{p} \begin{bmatrix} \phi_{11}^{(i)} & \phi_{12}^{(i)} \\ \phi_{21}^{(i)} & \phi_{22}^{(i)} \end{bmatrix} \begin{bmatrix} \Delta y_{t-i} \\ \Delta fe_{t-i} \end{bmatrix} + \begin{bmatrix} \xi_{1t} \\ \xi_{2t} \end{bmatrix} \tag{5.3}$$

使用社会登记从业人员数量（取对数之后的数据为 y_t）和财政支出变量（取对数之后的数据为 fe_t）对式（5.3）表示的 VAR 系统进行估计，估计的结果如下：

$$\begin{aligned} \begin{bmatrix} \Delta y_t \\ \Delta fe_t \end{bmatrix} &= \begin{bmatrix} 0.0359 \\ 0.0106 \end{bmatrix} + \begin{bmatrix} -0.0167 & -0.0463 \\ -0.0315 & 0.8492 \end{bmatrix} \begin{bmatrix} \Delta y_{t-1} \\ \Delta fe_{t-1} \end{bmatrix} \\ &+ \begin{bmatrix} 0.0240 & -0.0658 \\ -0.4269 & -0.4652 \end{bmatrix} \begin{bmatrix} \Delta y_{t-2} \\ \Delta fe_{t-2} \end{bmatrix} + \begin{bmatrix} \hat{\xi}_{1t} \\ \hat{\xi}_{2t} \end{bmatrix} \end{aligned} \tag{5.4}$$

式（5.4）中，通过使用 AIC 和 SC 确定的最优滞后长度为 2 阶滞后。使用式（5.4）表示的 VAR 系统进行动态模拟和静态模拟，模拟的具体结果在本章附录一和附录二中。动态模拟的结果主要反映了序列变量的长期趋势，但无法反映出变量的短期波动；而静态模拟则可以反映出序列变量的短期波动。所以，从社会登记就业变量的动态模拟图形中，可以看到，随着时间的推移，社会登记就业人数的对数差分值之间的差距在不断变大；而从静态模拟的图形中，可以看到社会登记就业人数的对数差分值除了在 1990 年前后存在较大变动之外，在其他年份之间波动变化不大。类似的分析结果也可以在财政支出序列变量的动态模拟和静态模拟中找到。

为了分析模型的稳定性，必须得到形如式（5.2）中 VAR 系统构成的系数矩阵的特征根全部在单位圆外或者其逆特征方程的特征根全部位于单位圆内。Eviews 系列程序提供了相关的求解程序，以上 VAR 模型系统（5.4）的稳定性结果显示在本章后面的附录三中。从特征根的分布可以看出，以上分析的 VAR 系统具有平稳性特征，因为系统的特征根全部位于单位圆内部。

由于式（5.4）表示的 VAR 系统具有平稳性特征，所以本章对其分析其脉冲响应函数，并进行方差分解，结果如下：

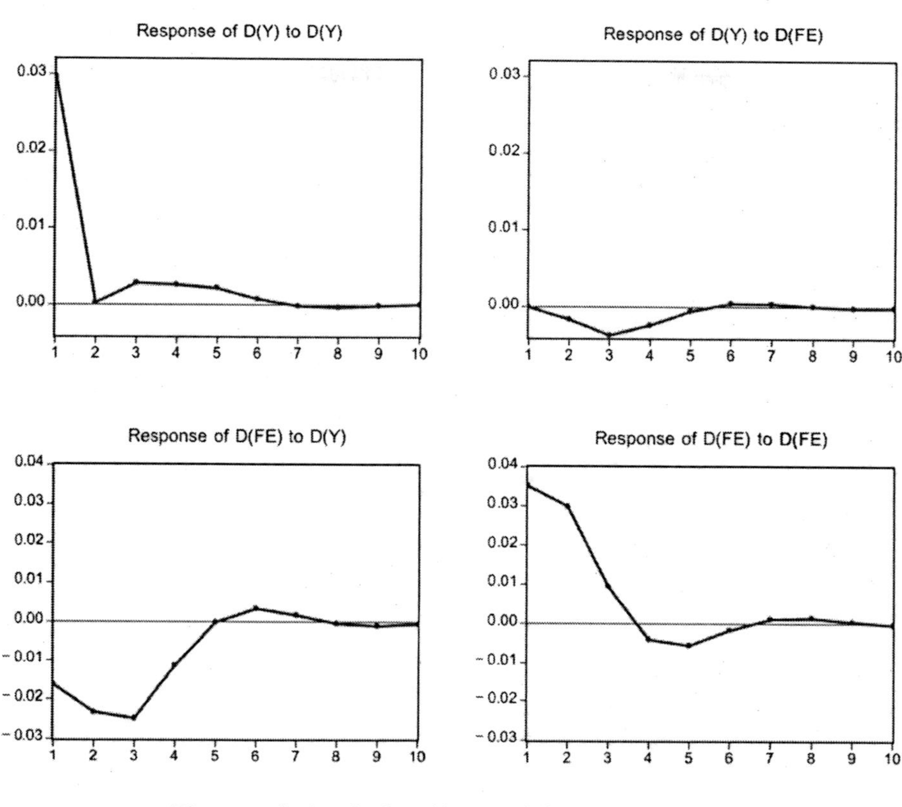

图 5.1 式 (5.4) 表示的 VAR 系统的脉冲响应函数

从以上脉冲响应函数来看，财政支出的一个单位正的标准差的冲击使得社会就业下降。随着时间的流逝，这一负效应逐渐增大，大约在第三个时期至第四个时期时最大，大约为 -0.05 个单位的标准差。在此之后，这一负效应逐渐不断地衰减，并且在大约第五个时期到第六个时期时，这一负效应衰减至 0。并且在此之后，这一负效应保持为 0。

从财政支出与社会就业的 VAR 模型系统的方差分解图 5.2 中可以看出，社会就业冲击几乎解释了其变动的 99%，而财政支出变动仅仅解释了其方差的 1% 左右；相反，财政支出冲击大约解释了财政支出变动的 60% ～ 80%，剩下的则由社会就业的变动来解释。

因此，从以上财政支出与社会就业的 VAR 模型系统 (5.4) 的脉冲响应函数中可以得到如下结论：财政支出对于社会就业存在较小的负效应，并且这一负效应具有较长的持续性。这一研究结论与第 4 章实证研究估计出来的结果存在不同，前者的结论发现财政支出对于社会就业存在正的且不显著的作用。同样地，从其方差分解中可以看出，财政支出冲击的变动对于社会就业的变动的解释能力也是比较有限的。

综合以上分析，就促进社会就业方面的作用而言，财政支出冲击的作用虽然具有较长的持续性，但是比较有限；而且，财政支出的变动对于社会就业的变动解释力也十分有限。

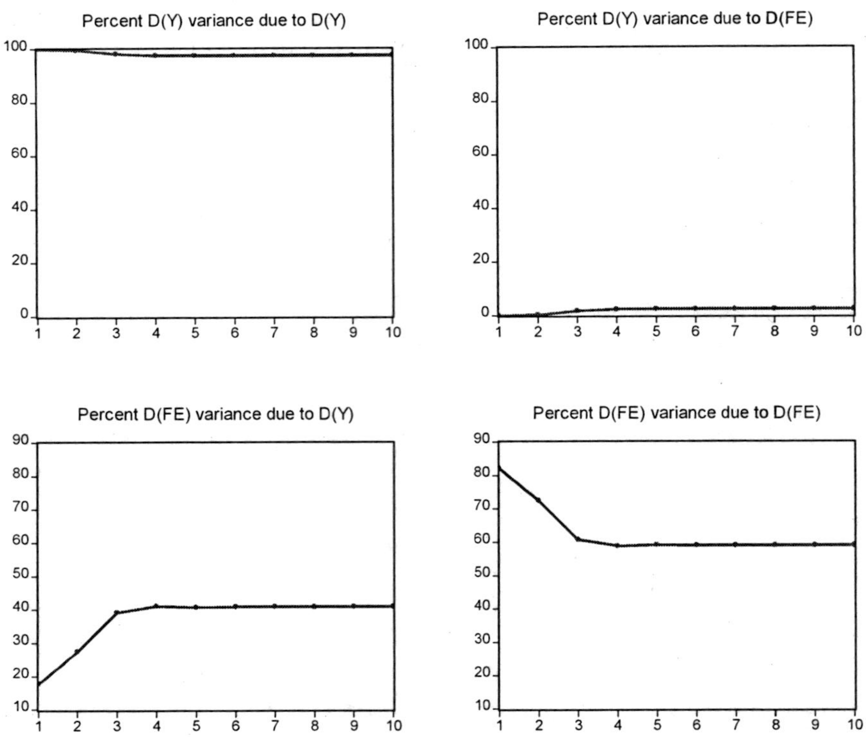

图 5.2　式 (5.4) 表示的 VAR 系统的方差分解

5.3.2 宏观税负与社会就业的 VAR 模型

与财政支出类似，宏观税负与社会登记就业人数的对数均为一阶单整过程，并且二者之间不存在长期协整关系，所以也需要首先对二者进行差分处理[①]，使其变成平稳的序列组。在此基础上，构建以下 VAR 系统：

$$\begin{bmatrix}\Delta y_t\\ \Delta tax_t\end{bmatrix}=\begin{bmatrix}c_1\\ c_2\end{bmatrix}+\sum_{i=1}^{p}\begin{bmatrix}\phi_{11}^{(i)} & \phi_{12}^{(i)}\\ \phi_{21}^{(i)} & \phi_{22}^{(i)}\end{bmatrix}\begin{bmatrix}\Delta y_{t-i}\\ \Delta tax_{t-i}\end{bmatrix}+\begin{bmatrix}\xi_{1t}\\ \xi_{2t}\end{bmatrix} \tag{5.5}$$

使用社会登记从业人员数量（取对数之后的数据为 y_t ）和宏观税负变量（取对数之后的数据为 fe_t ）对式 (5.5) 表示的 VAR 系统进行估计，估计的结果如下：

$$\begin{bmatrix}\Delta y_t\\ \Delta tax_t\end{bmatrix}=\begin{bmatrix}0.0207\\ 0.0028\end{bmatrix}+\begin{bmatrix}0.0528 & 0.0189\\ -0.0615 & -0.0749\end{bmatrix}\begin{bmatrix}\Delta y_{t-1}\\ \Delta tax_{t-1}\end{bmatrix}+\begin{bmatrix}\hat{\xi}_{1t}\\ \hat{\xi}_{2t}\end{bmatrix} \tag{5.6}$$

式 (5.6) 中，通过使用 AIC 和 SC 确定的最优滞后长度为 1 阶滞后。使用式 (5.6) 表示的 VAR 系统进行动态模拟和静态模拟，模拟的具体结果在本章附录一和附录五中，

① Sims, Stock and Watson(1990) 认为差分可能会忽略很多重要的信息，所以不主张对非平稳变量进行差分，然后再进行 VAR 模型系统建模。本书没有采用这一建议。

其中序列 y_t 的动态模拟结果和静态模拟结果与 VAR 系统 (5.4) 是相同的。从宏观税负的模拟结果来看，在长期内，中国的宏观税负一直呈上升趋势；而从短期波动来看，中国的宏观税负存在较大的波动。对社会就业的动态模拟和静态模拟在附录一中，对其的分析与 VAR 系统 (5.4) 类似，在此不再赘述。

为了得到系统的稳定性，需要考察以上 VAR 系统 (5.6) 的系数矩阵的特征根的分布。经过求解，其特征根分布全部位于单位圆内，具体细节在本章附录五中。由于系统具有平稳性的特征，对其进行脉冲响应和方差分解，结果显示宏观税负的冲击对于社会就业的影响很小，接近于 0。同时宏观税负的波动对于社会就业的波动的解释力也是十分有限的。

5.3.3 结论

在这一小节，分别建立了两个不同的财政政策工具——财政支出、宏观税负和社会就业的 VAR 系统，并通过脉冲响应函数和方差分解，考察了这两个不同的财政政策工具对于社会就业的作用。研究结果发现，财政政策冲击对于社会就业的影响十分有限。这一研究结论与第 4 章的实证结论相吻合，在第 4 章实证研究的结果发现，财政政策工具——财政支出与宏观税负的系数均为在很大的显著性水平上才具有统计上的显著性。

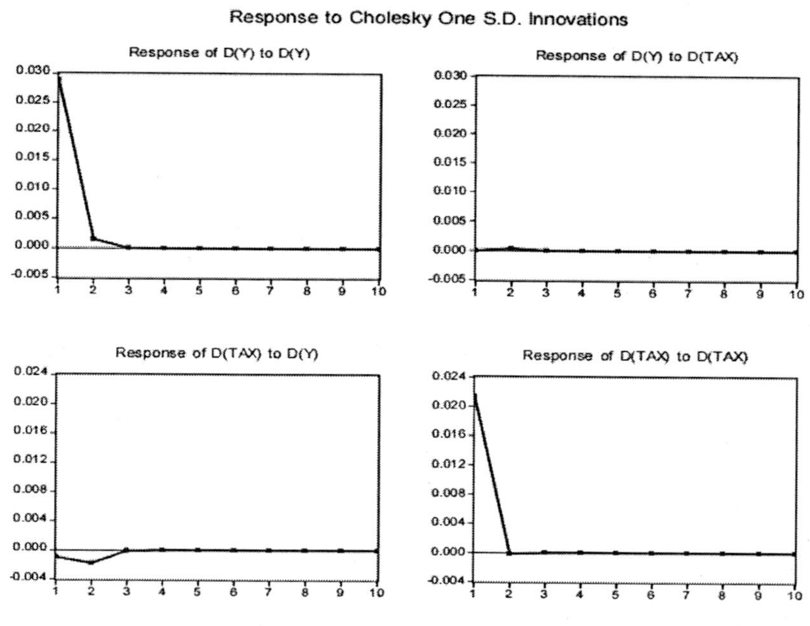

图 5.3 式 (5.6) 表示的 VAR 系统的脉冲响应函数

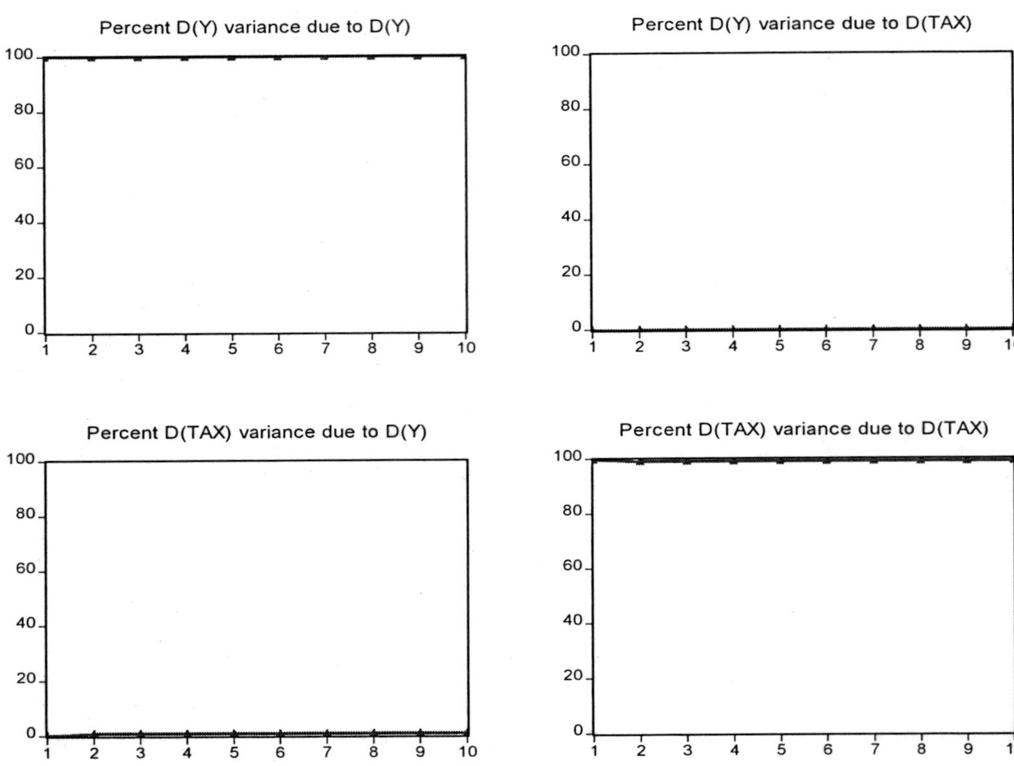

图 5.4　式 (5.6) 表示的 VAR 系统的方差分解

5.4 货币政策工具与社会就业的 VAR 系统

5.4.1 流通中的现金数量与社会就业的 VAR 模型

在第 4 章的稳定性检验中，发现流通中的现金数量（ M_0 ）与社会就业变量——社会登记就业人员数量均为单位根过程，且二者之间存在协整关系，所以不需要如财政政策工具那样需要进行差分处理，以使其具有平稳性特征，可以直接进行 VAR 系统的建立和分析。

参考以上的分析，本章建立如下的 VAR 系统：

$$\begin{bmatrix} y_t \\ m_t \end{bmatrix} = \begin{bmatrix} c_1 \\ c_2 \end{bmatrix} + \sum_{i=1}^{p} \begin{bmatrix} \phi_{11}^{(i)} & \phi_{12}^{(i)} \\ \phi_{21}^{(i)} & \phi_{22}^{(i)} \end{bmatrix} \begin{bmatrix} y_{t-i} \\ m_{t-i} \end{bmatrix} + \begin{bmatrix} \xi_{1t} \\ \xi_{2t} \end{bmatrix} \tag{5.7}$$

使用社会登记从业人员数量（取对数之后的数据为 y_t ）和流通中的现金数量变量（取对数之后的数据为 m_t ）对式 (5.7) 表示的 VAR 系统进行估计，估计的结果如下：

$$\begin{bmatrix} y_t \\ m_t \end{bmatrix} = \begin{bmatrix} 1.6075 \\ -8.0559 \end{bmatrix} + \begin{bmatrix} 0.8450 & 0.0147 \\ 0.8562 & 0.8538 \end{bmatrix} \begin{bmatrix} y_{t-1} \\ m_{t-1} \end{bmatrix} + \begin{bmatrix} \hat{\xi}_{1t} \\ \hat{\xi}_{2t} \end{bmatrix} \tag{5.8}$$

以上 VAR 系统在估计过程中，AIC 和 SC 显示 1 阶之后为最优的滞后长度。对式 (5.8) 表示的 VAR 系统进行动态模拟和静态模拟的详细结果报告在本章附录六中，从模型的动态模拟的结果来看，在考察期内，中国流通中的现金数量呈现出不断上升的趋势，代表真实数据的蓝色线与代表趋势的红色线之间的差距较小，即真实数据与模拟数据之间的差距很小；从模型的静态模拟的结果看，在考察期内，流通中的现金数量数据的短期波动也较小，呈现出较为平稳的特征。对社会就业的动态模拟和静态模拟在附录一中，对其的分析与 VAR 系统 (5.4) 类似，在此不再赘述。

在以上分析的基础上，为了考察式 (5.8) 表示的 VAR 系统的稳定性，本章计算了其特征根。在附录七中，给出了以上 VAR 系统的特征根的详细分布图。从该图中可以看出，式 (5.8) 表示的 VAR 系统的特征根全部位于单位圆内，所以以上 VAR 系统具有稳定性的特征。

在此基础上，对式 (5.8) 表示的 VAR 系统求解其脉冲响应函数，并且进行方差分解，具体的结果在图 5.5 中。从以上脉冲响应函数来看，货币政策工具冲击——流通中的现金数量冲击对于社会就业存在正的效应。流通中的现金数量的一个单位正的标准差的冲击对于社会就业的瞬时效应较小，几乎不发生变化。但是，随着时间的推移，这一正的效应在以上考察的滞后期内是不断增加的。原因主要是由于本书选取的时间序列样本时期较短，Alexius & Holmund(2007) 的研究考察了一个更长的时间序列样本，结果发现了货币政策的正效应不断增大的时间将近持续了 20 个时期之久，在 20 个时期之后，这一正效应才开始衰减。那么，由于数据的限制，本书考察的样本期较短，未能获得较长的样本来显示以上 VAR 系统脉冲响应函数衰减所需的样本期长度。

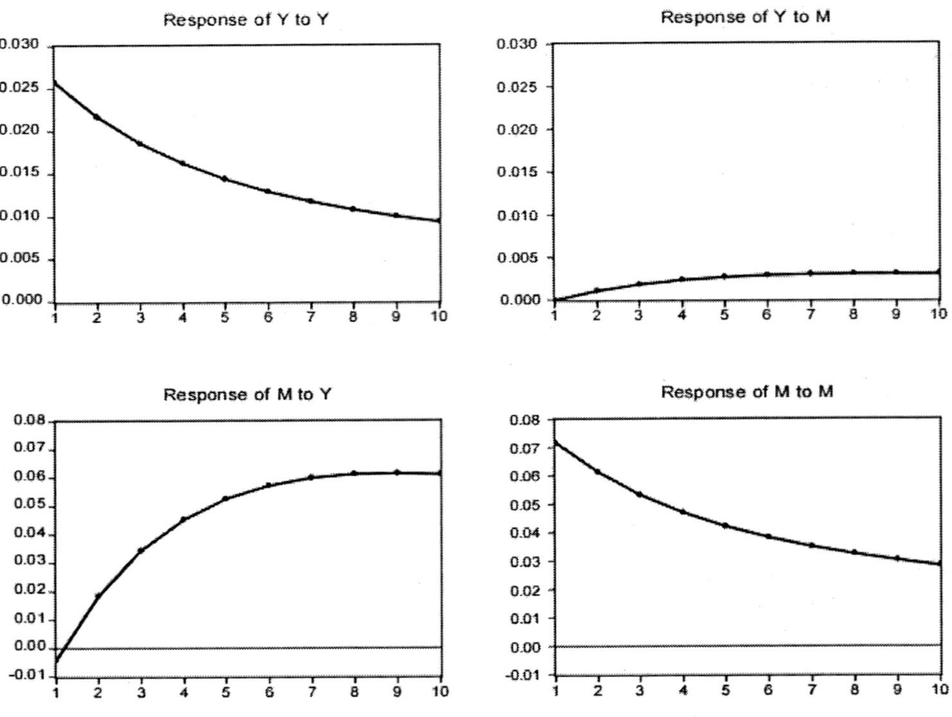

图 5.5　式 (5.8) 表示的 VAR 系统的脉冲响应函数

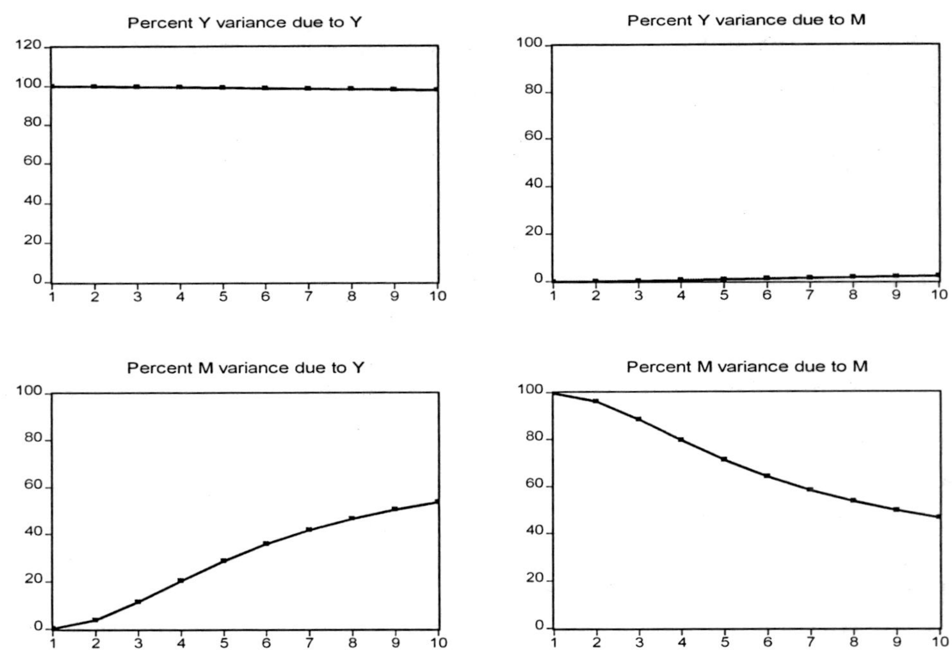

图 5.6　式 (5.8) 表示的 VAR 系统的方差分解

从以上方差分解的结果来看，流通中的现金数量的波动对于社会就业的波动解释力也十分有限。以上结论意味着，流通中的现金数量的冲击对于社会就业具有较大的正效应，却对于解释就业的波动较为乏力。

5.4.2 社会信贷余额与社会就业的 VAR 模型

在第 4 章的稳定性检验中，发现货币政策工具变量——社会信贷余额与社会就业变量——社会登记就业人员数量均为单位根过程，且二者之间存在长期协整关系，所以不需要如财政政策工具那样进行差分处理，以使其具有平稳性特征，可以直接进行 VAR 系统的建立和分析。依照 VAR 系统 (5.1)，设立以下社会就业与社会信贷余额的双变量 VAR 系统：

$$\begin{bmatrix} y_t \\ cl_t \end{bmatrix} = \begin{bmatrix} c_1 \\ c_2 \end{bmatrix} + \sum_{i=1}^{p} \begin{bmatrix} \phi_{11}^{(i)} & \phi_{12}^{(i)} \\ \phi_{21}^{(i)} & \phi_{22}^{(i)} \end{bmatrix} \begin{bmatrix} y_{t-i} \\ cl_{t-i} \end{bmatrix} + \begin{bmatrix} \xi_{1t} \\ \xi_{2t} \end{bmatrix} \tag{5.9}$$

使用社会登记从业人员数量（取对数之后的数据为 y_t）和社会信贷余额变量（取对数之后的数据为 cl_t）对式 (5.7) 表示的 VAR 系统进行估计，估计的结果如下：

$$\begin{bmatrix} y_t \\ cl_t \end{bmatrix} = \begin{bmatrix} 1.0561 \\ -3.0269 \end{bmatrix} + \begin{bmatrix} 0.8548 & 0.0272 \\ -0.0220 & 1.3609 \end{bmatrix} \begin{bmatrix} y_{t-1} \\ cl_{t-1} \end{bmatrix} + \begin{bmatrix} 0.0460 & -0.0216 \\ 0.3594 & -0.4179 \end{bmatrix} \begin{bmatrix} y_{t-2} \\ cl_{t-2} \end{bmatrix} + \begin{bmatrix} \hat{\xi}_{1t} \\ \hat{\xi}_{2t} \end{bmatrix} \tag{5.10}$$

以上 VAR 系统在估计过程中，AIC 和 SC 显示 2 阶之后为最优的滞后长度。对式 (5.8) 表示的 VAR 系统进行动态模拟和静态模拟的详细结果报告在本章附录八中，从模型的动态模拟的结果来看，在考察期内，中国社会信贷余额呈现出不断上升的趋势，代表真实数据的蓝色线与代表趋势的红色线之间的差距较小，说明了真实数据与模拟数据之间的差距很小；从模型的静态模拟的结果看，在考察期内，社会信贷余额数据的短期波动也较小，呈现出较为平稳的特征。对社会就业的动态模拟和静态模拟在附录一中，对其的分析与 VAR 系统 (5.4) 类似，在此不再赘述。

在以上分析的基础上，为了考察式 (5.10) 表示的 VAR 系统的稳定性，本书计算了其特征根。在附录九中，给出了以上 VAR 系统的特征根的详细分布图。从图中可以看出，该 VAR 系统的特征根的全部位于单位圆内，所以以上 VAR 系统具有稳定性的特征。在此基础上，对以上 VAR 系统求解其脉冲响应函数，进行方差分解，具体的结果如下：

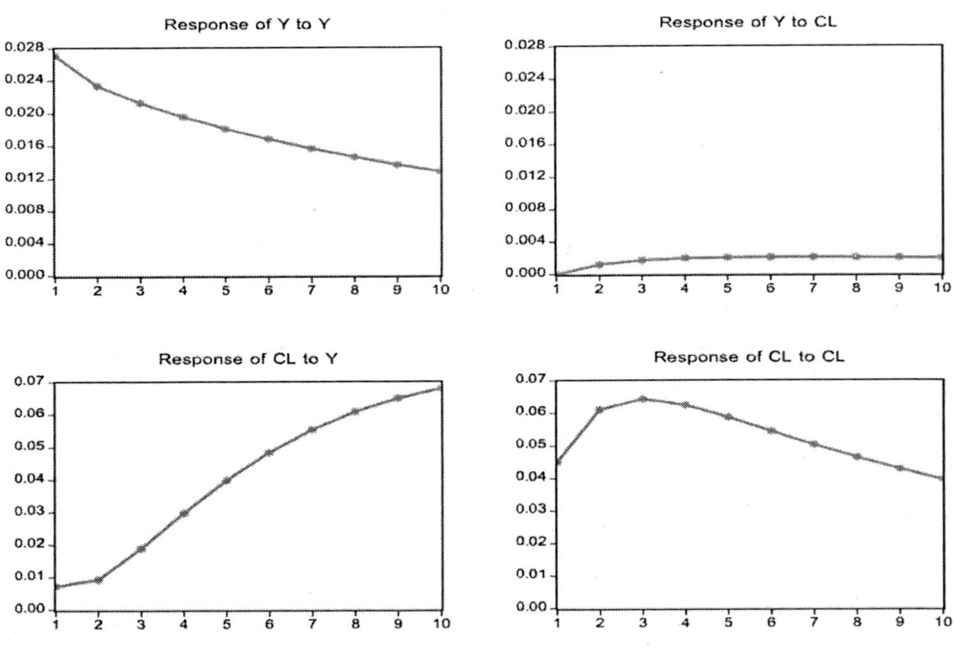

图 5.7　式 (5.10) 表示的 VAR 系统的脉冲响应函数

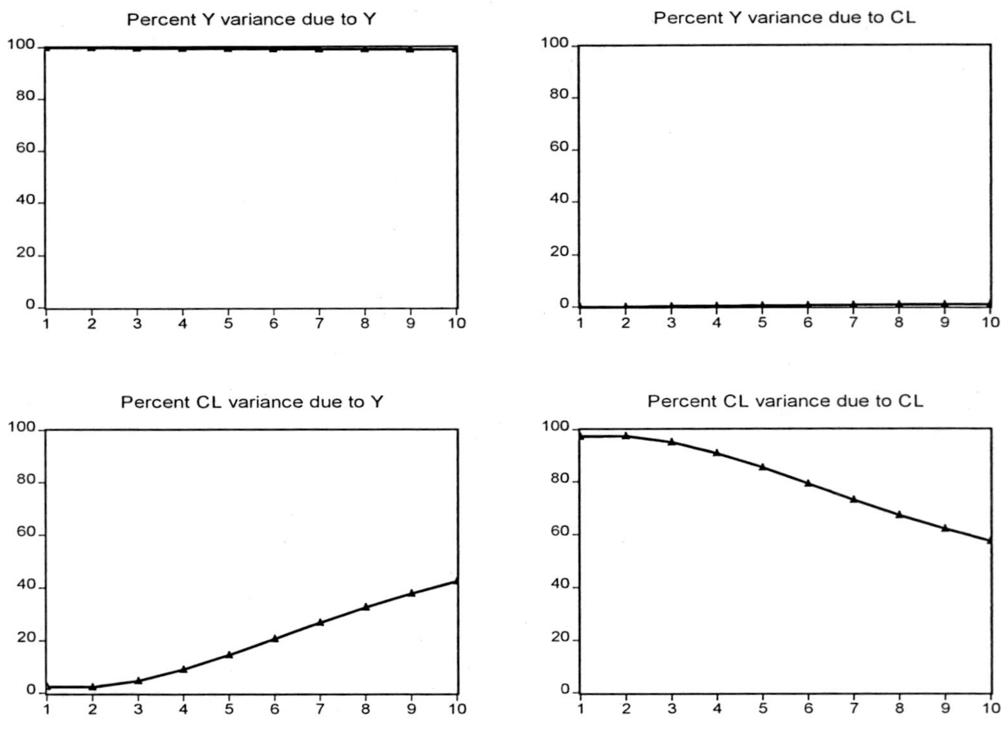

图 5.8　式 (5.1) 表示的 VAR 系统的方差分解

从其脉冲响应函数来看，货币政策工具冲击——社会信贷余额冲击对于社会就业存在正效应。一个单位正的社会信贷余额冲击对于社会就业的瞬时效应较小，几乎不发生变化。但是，随着时间的推移，这一正效应在以上考察的滞后期内是不断增加的。原因与以上流通中的现金数量的脉冲响应结果类似，主要是由于样本期较短，导致考察期较短，无法获得更长期的效应。从方差分解的结果来看，社会信贷余额的波动对于社会就业的波动解释力也十分有限。以上结论意味着，社会信贷余额的冲击对于社会就业具有较大的正效应，却对于解释就业的波动较为乏力。

5.4.3 结论

在这一小节，建立了分别两个不同的货币政策工具——流通中的现金数量、社会信贷余额和社会就业的 VAR 模型系统，并通过求解脉冲响应函数和进行方差分解，分别考察了这两个不同的货币政策工具对于社会就业的作用。研究结果发现，货币政策冲击，无论是流通中的现金数量，还是社会信贷余额，对于社会就业的影响均较为显著。这一研究结论与第 4 章的实证结论相吻合。在第 4 章实证研究结果发现，货币政策工具——流通中的现金数量与社会信贷余额的系数均为在较小的显著性水平上具有统计上的显著性，即二者都对社会就业具有显著的促进作用。

5.5 财政政策与货币政策就业效应的比较

从第 5.3 节和第 5.4 节中关于财政政策和货币政策冲击的研究结果中，我们可以对财政政策工具与货币政策工具的社会就业效应进行对比。从脉冲响应的结果来看，财政政策工具——财政支出冲击存在较小的负效应；而另一财政政策工具——宏观税负冲击则对社会就业的影响几乎等于零；与之不同的是，货币政策工具，无论是流通中的现金数量，还是社会信贷余额都对社会就业存在较大的正效应。从方差分解的结果来看，财政政策工具——财政支出，大约可以解释社会就业方差的 2% ～ 5%；另一财政政策工具——宏观税负，大约仅能解释社会就业方差的 1%。货币政策工具——流通中的现金数量大约能够解释社会就业方差的 1% ～ 2%；另一货币政策工具——社会信贷余额大约能解释社会就业方差的 1%。

综上分析，相对于财政政策，货币政策冲击带来的社会就业要大于财政政策。因此在促进社会就业方面，货币政策的效果要好于财政政策，即货币政策的社会就业效应大于财政政策。

5.6 本章小结

在本章的研究中，首先分析了一般情形下的双变量 VAR 模型的构建、稳定性以及脉冲响应函数与方差分解等方面的问题。在此基础上，分别构建了财政政策工具变量——

财政支出、宏观税负与社会就业的 VAR 模型系统和货币政策工具变量——流通中的现金数量、社会信贷余额与社会就业的 VAR 模型系统，并利用相关数据对以上四个 VAR 系统进行估计，并分别考察了以上四个 VAR 系统的脉冲响应函数，以及进行方差分解。研究结果发现：财政政策工具变量在促进社会就业方面的效应要小于货币政策，即财政政策的就业效应要小于货币政策。在以上分析的基础上，进一步对财政政策与货币政策的就业效应进行了对比。

本章的研究与第 4 章经验研究的结论有较大相似之处。本章的研究表明财政政策冲击对于社会就业的影响明显小于货币政策，且持续性较差。因此，货币当局可以考虑采用货币政策来缓解社会失业。

本章附录

附录一：序列 y_t 的动态模拟图和静态模拟图

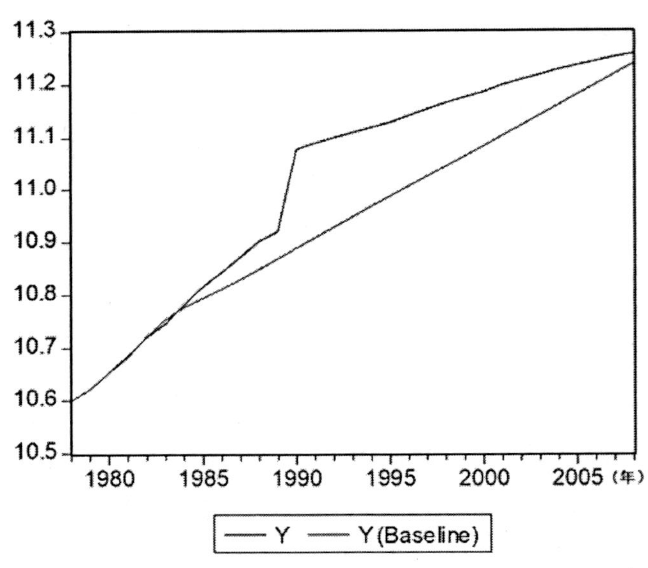

VAR 系统 (5.4) 的序列 y 动态模拟结果

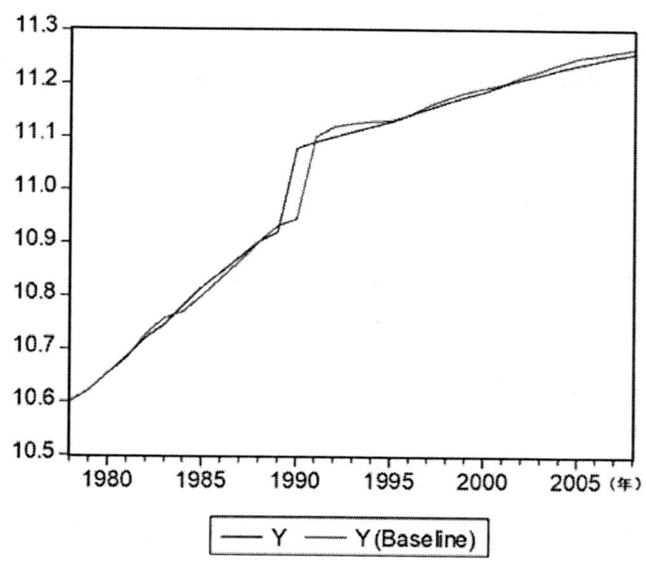

VAR 系统（5.4）的序列 y 静态模拟结果

附录二：序列 fe_t 的动态模拟图和静态模拟图

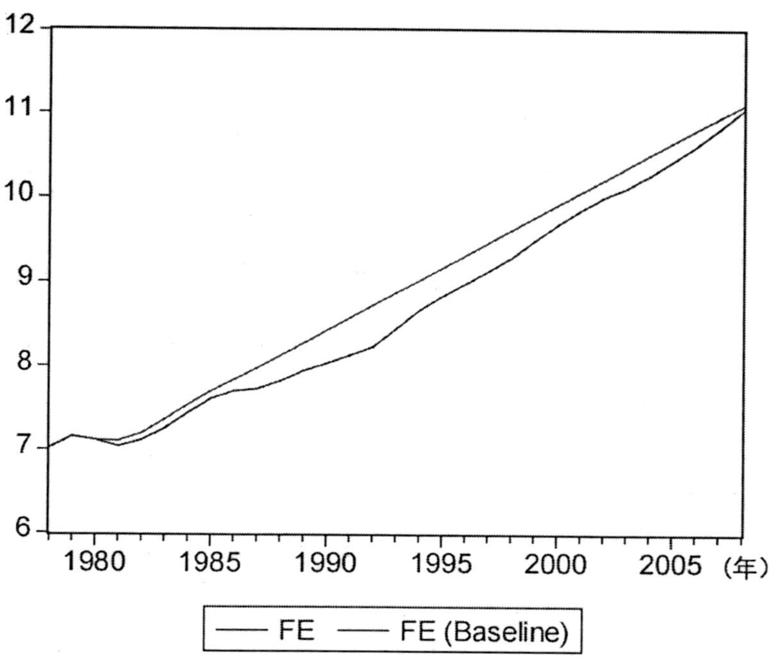

VAR 系统（5.4）的序列 fe 动态模拟结果

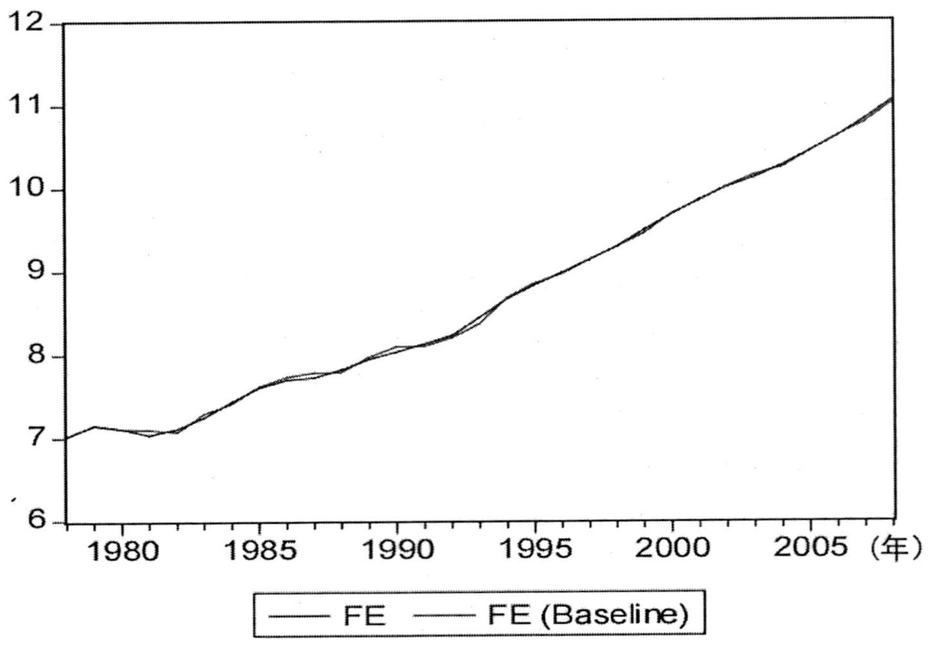

VAR 系统（5.4）的序列 *fe* 静态模拟结果

附录三：财政支出与社会就业 VAR 系统的特征根分布

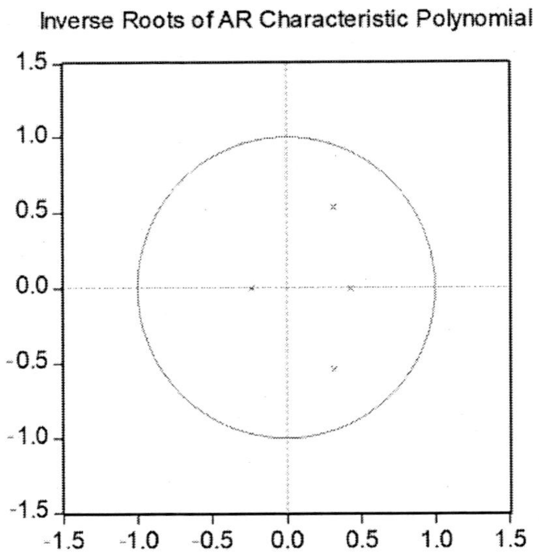

附录四：序列 tax_t 的动态模拟图和静态模拟图

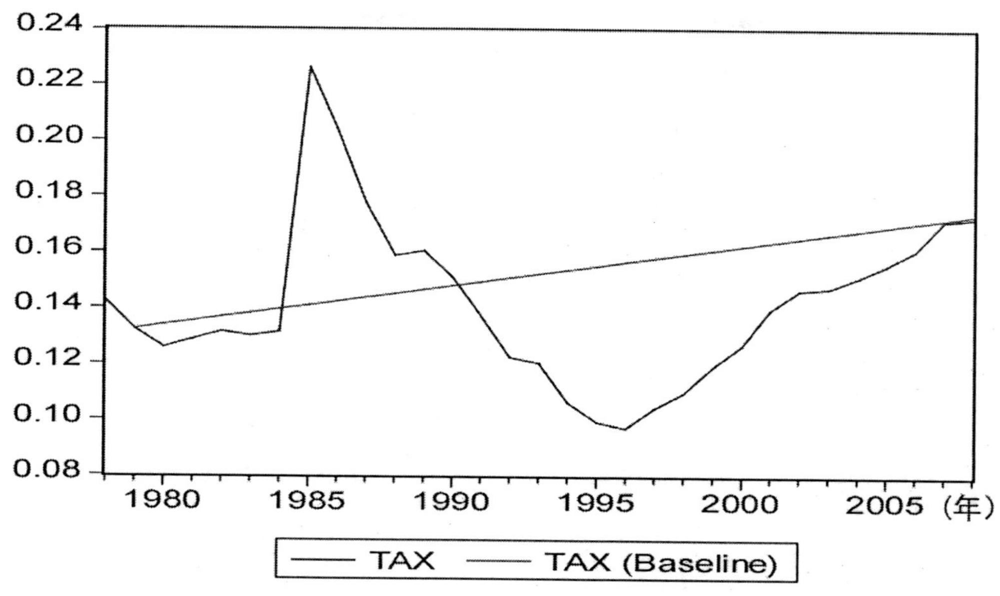

VAR 系统（5.6）序列 tax 的动态模拟结果

附录五：宏观税负与社会就业 VAR 系统的特征根分布

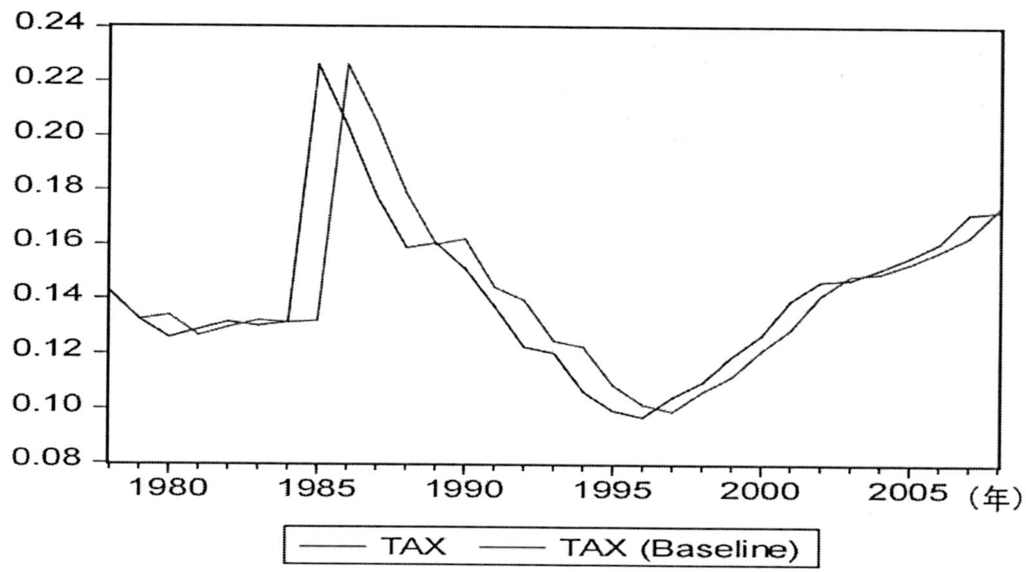

附录六：序列流通中的现金数量 m 的动态模拟和静态模拟图

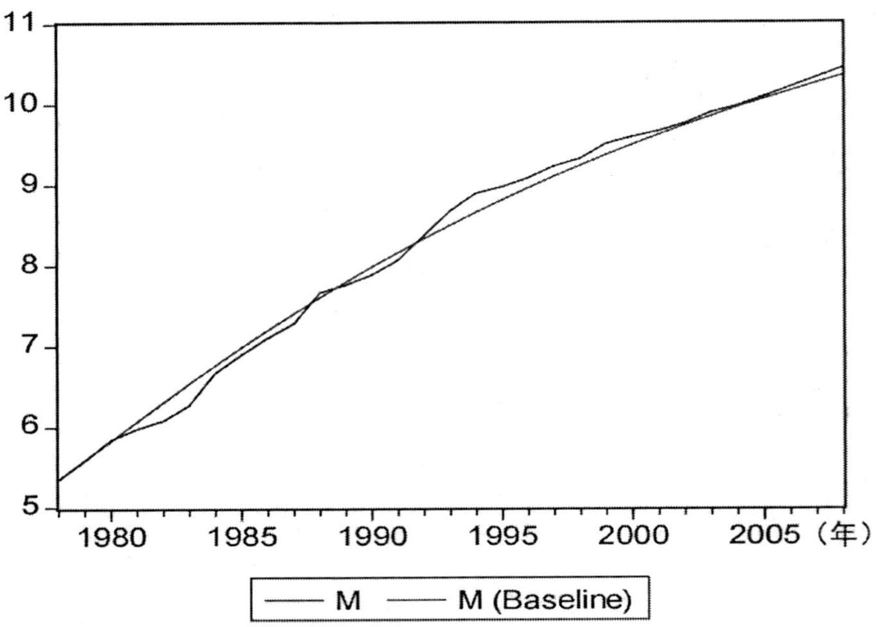

VAR 系统 (5.8) 序列 m 的动态模拟结果

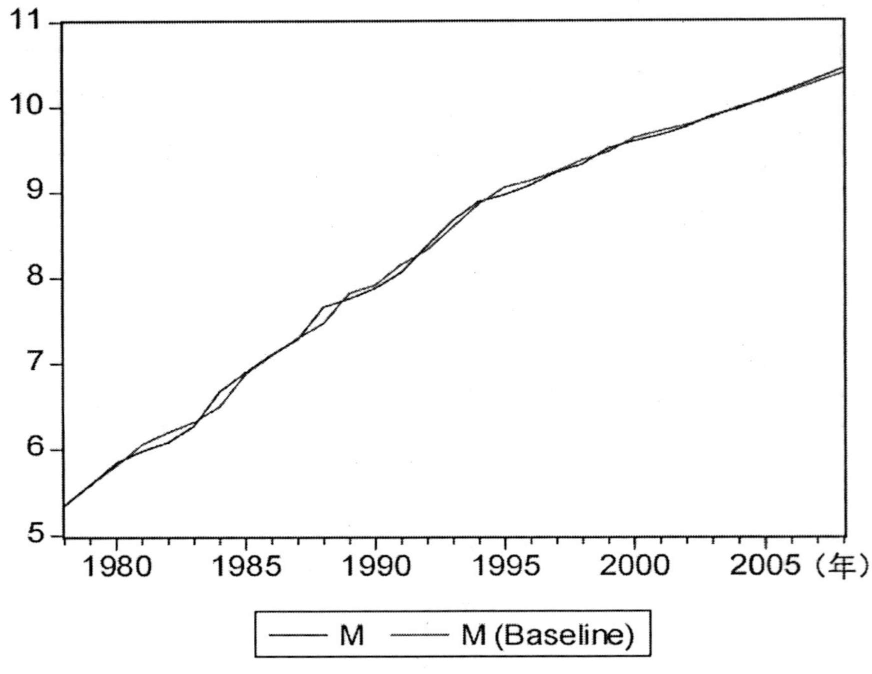

VAR 系统 (5.8) 序列 m 的静态模拟结果

附录七：流通中的现金数量与社会就业 VAR 系统的特征根分布

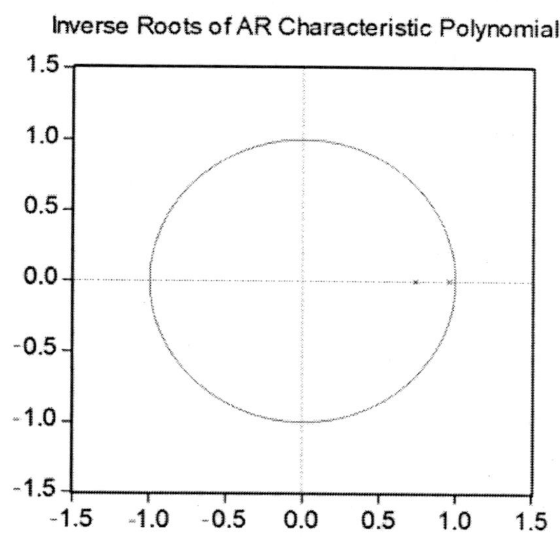

附录八：序列社会信贷余额 cl 的动态模拟和静态模拟图

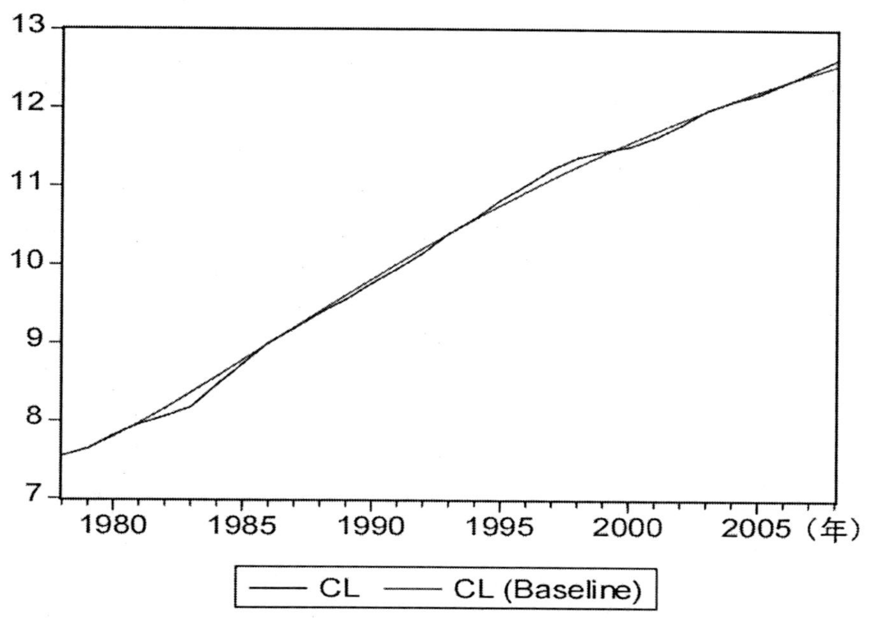

VAR 系统 (5.10) 序列 cl 的动态模拟结果

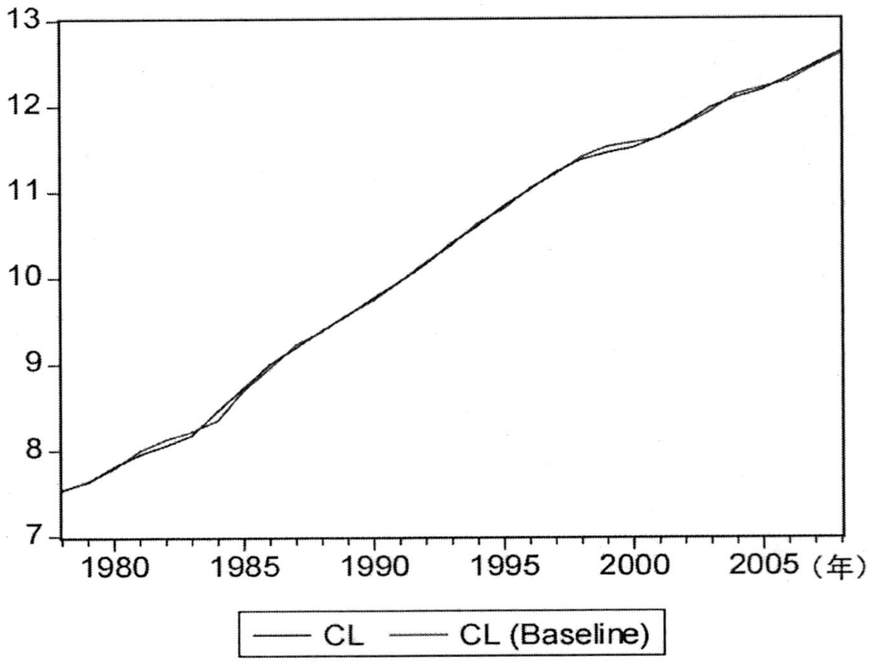

VAR 系统 (5.10) 序列 cl 的静态模拟结果

附录九：社会信贷余额与社会就业 VAR 系统的特征根分布

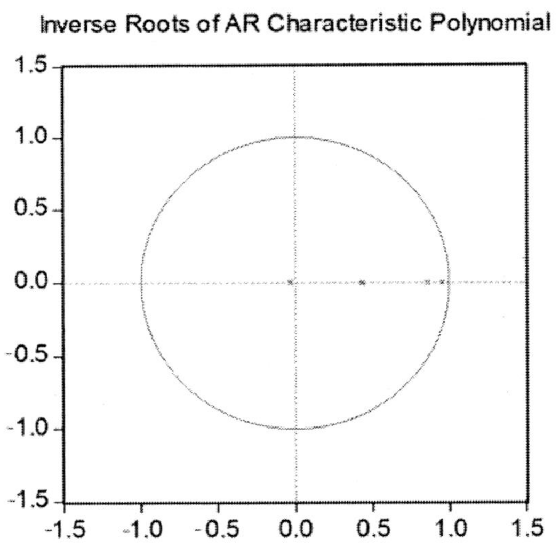

第 6 章 财政政策冲击、货币政策冲击与社会就业——基于 SVAR 模型的分析

6.1 引言

在宏观经济学理论与宏观计量经济学研究中，考察冲击对于经济系统影响的方法除了上一章使用的 VAR 模型系统之外，还有一个广为使用的方法是结构向量自回归模型系统（以下简称“SVAR”）。这两种分析方法之间的差异主要在于 VAR 模型系统是没有任何经济含义的，它是完全依照数据、从数据中来拟合现实的经济系统；这一特征使得 VAR 模型系统相对于传统的计量模型而言，具有较大的优越性，因为它可以避免传统计量经济学建模当中出现的很多问题，如变量的内生性问题等。所以，当变量之间的关系很难界定时，使用 VAR 模型能较好地解决这一问题。但是，也正是由于这一优势，使得 VAR 模型饱受诟病，最主要的就是在 VAR 模型系统中，变量之间不存在当期关系，而只存在变量的当期与滞后期之间的关系。因此，从本质上讲，VAR 模型系统只是一个缩减形式 (Reduce Form) 的模型系统，它并不能够捕捉模型中变量之间的结构性关系。而 SVAR 模型系统却能够克服 VAR 模型系统这一方面的不足。而且，与 VAR 模型系统相比，SVAR 模型系统一般具有明确的经济学含义，所以这也是 SVAR 模型系统相对于 VAR 模型系统的一大优势。

国内采用 SVAR 模型研究财政政策冲击与货币政策冲击对于社会就业的影响的研究很少。但是，国外的学者广泛采用这一研究方法来考察政策冲击的作用。具有代表性的研究主要有 Galí((1999)，Aarle、Garretsen & Gobbin(2003)，Sonedda(2003)，Alexius & Holmund(2007)，Galí(2011b，2011c) 以及 Galí、Smets 和 Wouters(2011) 的研究。Galí(1999) 的研究针对长期以来真实经济周期理论（以下简称“RBC”）认为的正的技术冲击与工作时间呈正相关即正的技术冲击可以促进社会就业的观点进行批判。他认为真实经济周期理论一直专注于分析主要宏观经济变量的无条件二阶矩，但是如果经济中存在多重波动之源，那么继续专注于无条件二阶矩可能会导致谬误的结论，明智的选择是应该选择条件二阶矩进行研究。基于此，他首先构建了一个包含垄断竞争和价格黏性的新凯恩斯主义模型，并在此模型的基础上建立了包含就业与生产率的双变量 SVAR 模型和包含就业、生产率、通货膨胀等因素的五变量 SVAR 模型。在模型中，他同时考虑了技术冲击和货币政策冲击（货币供给量冲击），运用美国的数据进行估计，并得到其脉冲响应函数。研究结果发现，在技术冲击条件下，劳动生产率与社会就业之间的相关系数是负的；而在货币政策冲击下，劳动生产

率与社会就业之间的相关系数为正值。为了保证模型结论的稳健性（Robustness），他将同样的模型应用于其他 G7 国家，研究的结果发现除了日本之外，以上研究结论同样适用于其他 G7 国家。Aarle、Garretsen & Gobbin(2003) 的研究考察了财政政策与货币政策在欧盟地区的传导机制。在研究中，他们首先比较了欧盟地区与美国和日本在政策作用机制上存在的不同；在此基础上，使用实际产出（Real Output）、实际政府收入（Real Government Revenue）、实际政府开支（Real Government Spending）、短期利率（Short Term Interes Rate）和物价水平等五个变量，以及总供给冲击、金融冲击、赤字与 GDP 的比例冲击、货币冲击以及总需求冲击等五个结构性冲击，构建了一个五变量结构向量自回归模型（SVAR），并使用欧盟地区的数据进行估计，并在估计模型的基础上，分析了模型的脉冲响应函数和方差分解。结果发现，在欧盟内部，不同的国家对于同一财政政策冲击和货币政策冲击的反应是不同的；但是，尽管不同的国家政策的效果存在较大的差异，财政政策与货币政策对于欧盟地区的社会就业具有显著的作用。Sonedda(2003) 的研究则使用了 SVAR 模型系统。在研究中，他使用了比利时、法国、德国、意大利、西班牙和瑞典 1974 年至 1997 年的数据，采用 SVAR 模型，考察劳动税对就业的影响。Sonedda(2003) 的研究是为数不多的采用 SVAR 的方法研究财政政策对于社会就业影响的文献，该文的目的虽然在于研究劳动税的就业效应的跨国差异性。但他在研究中使用的方法，可以为本书所借鉴。Alexius & Holmund(2007) 的研究则使用了瑞典 1970 年至 2005 年的数据，在 SVAR 的框架内展开研究，结果发现货币政策对于瑞典社会失业具有强且长期持续性的影响。据他们的估计结果，大约有 30% 的失业波动是由于货币政策冲击带来的，而且将近 30% 的政策冲击对瑞典社会失业产生的效应持续了 10 年之久。与 Alexius & Holmlund(2007) 的研究不同，Altavilla & Ciccarelli(2007) 的研究将通胀预测（Inflation Forecasting）作为模型的内生变量，使用标准的贝叶斯 VAR 方法，考察了货币政策的不确定性对欧洲地区和美国失业的影响。研究发现不同的通胀预测模型中货币政策对于失业的影响是不相同的，但是无论是在欧洲地区还是在美国，货币政策冲击都会对社会失业产生持续性的影响。Galí(2011b) 的研究从新凯恩斯主义的视角考察了稳定化政策对于失业（就业）波动的影响。在研究中，他首先建立了一个包含失业的新凯恩斯主义模型框架，研究的结论较好地拟合了美国的失业波动。在模型研究中，他解决了长期以来新凯恩斯主义经济学在实证研究中无法解决的关于产出缺口（Output Gap）的度量问题，采用了以失业为基础的产出缺口度量方法，并建立了 SVAR 模型。研究的结果发现货币政策对于稳定就业波动具有积极的作用。Galí(2011c) 的研究在一个新凯恩斯主义模型环境中，考察了泰勒型规则（Taylor Type Rule）的货币政策对于失业的影响。在研究中，作者通过校准的方法，得到了一个包含失业和货币政策变量的 SVAR 模型，并且作者通过数值模拟的方法得到了模型的脉冲响应函数，研究的结论发现黏性工资的存在对于货币政策的短期效应存在较大的影响，甚至可能使货币政策的就业效应为负。Galí、Smets 和 Wouters(2011) 的研究在 Galí(2011c) 研究的基础上，运用美国的数据，构建 SVAR 模型系统来验证

Galí(2011c) 的结论是否得到现实数据的支持。实证研究结果表明，引起失业剧烈波动的原因并不是真实经济周期理论断言的那样是由于技术冲击造成的，总需求冲击（在该文中指的是货币政策冲击）才是引起失业波动的主要原因。

以上研究的共同点是在研究中都采用了 SVAR 模型系统的方法考察财政政策冲击或者货币政策冲击对于所要考察的社会就业变量的影响。与之类似，本书所要考察的是中国的财政政策冲击与货币政策冲击对于中国社会就业的影响。因此，本书的研究将借鉴以上研究所采用的SVAR模型系统的方法，通过建立SVAR模型系统，进行适当的模型设定，运用中国的现实经济数据，考察财政政策冲击和货币政策冲击对于中国社会就业的影响。

但是，在以上的研究文献中，大多数研究文献都考察了财政政策工具与货币政策工具的长期约束结构向量自回归模型系统，而没有考察短期约束下的情形。基于此，本书的研究首先考虑了短期约束下财政政策工具与货币政策工具的冲击对于社会就业影响的大小。为此，先后建立了四个不同的 SVAR 模型系统，分别考察财政支出、宏观税负、流通中的现金数量与社会信贷余额冲击对于社会就业的影响。研究结果发现，财政政策工具对于社会就业具有较小且持续性较短的效应，而货币政策工具对于社会就业具有显著性且持续性较长的效应。

在短期约束下 SVAR 模型系统研究的基础上，本书考察了长期约束下的 SVAR 模型系统。

与国内相近的研究不同的是，本章主要做了以下几个方面的工作：

（1）采用了 SVAR 模型系统来研究这一问题；

（2）在研究中，区分了短期约束和长期约束条件下的 SVAR 模型；

（3）比较了 SVAR 模型系统框架下，财政政策与货币政策就业效应的大小。

本章的研究结构安排如下：第 2 节，对一般的 SVAR 模型进行简要介绍和分析；在第 2 节的基础上，第 3 节和第 4 节分别基于短期约束的 AB 模型建立了四个不同的财政政策工具和货币政策工具的 SVAR 模型，并通过求解各自的脉冲响应函数，得到不同的财政政策工具与货币政策工具对于社会就业的影响；与之对应，第 5 节和第 6 节在长期约束下建立了四个不同的 SVAR 模型，用于考察长期约束下不同的财政政策工具与货币政策工具对于社会就业的影响；第 7 节将在 SVAR 模型系统的框架内比较财政政策与货币政策工具社会就业效应的大小；最后是本章的总结。

6.2 一般的 SVAR 模型简介

6.2.1 双变量 SVAR 模型的建立

由于 SVAR 模型系统中包含了变量之间当期关系。所以，对于双变量 SVAR 模型系统，为了与上一章 VAR 模型系统对应，定义向量 $Y_t=(y_t,x_t)'$，那么双变量 SVAR 模型系统可以写成以下形式：

$$\Gamma_0 Y_t = \delta + \sum_{i=1}^{p} \Gamma_i Y_{t-i} + u_t \tag{6.1}$$

其中Γ_0和Γ_i均为2阶方阵，u_t为扰动项构成的向量。一般情况下，为了对SVAR模型系统进行识别，需要将SVAR模型系统转换成VAR模型系统。对式（6.1）稍作变换，可以得到

$$Y_t = \Gamma_0^{-1}\delta + \sum_{i=1}^{p} \Gamma_0^{-1}\Gamma_i Y_{t-i} + \Gamma_0^{-1}u_t \tag{6.2}$$

式（6.2）至少从形式上看与VAR模型系统几乎没有任何差别，所以，实质上，VAR模型系统是SVAR模型系统的缩减形式。对式（6.2）进行简单的变换，可以得到

$$Y_t = c + \Phi_1 Y_{t-1} + \Phi_2 Y_{t-2} + \cdots + \Phi_p Y_{t-p} + \xi_t \tag{6.3}$$

其中$\Phi_k = \Gamma_0^{-1}\Gamma_k$，$c = \Gamma_0^{-1}\delta$，$\xi_t = \Gamma_0^{-1}u_t$。通过将SVAR模型系统转换成VAR模型系统，可以有效地避免联立性偏误（Simultaneous Equation Bias）问题。

6.2.2 双变量SVAR模型的识别、估计与检验

所谓SVAR模型系统的识别，指的是通过一定的限制条件，使得可以利用样本信息估计出待估计的统计量。其基本思想就是，如果通过一定的约束条件，使得估计出的VAR模型对应的系数矩阵、对应的方差矩阵等统计量的个数不少于SVAR模型系统中待估计的未知量的个数。

在实际操作过程中，要想获得SVAR模型系统的结构性参数（Structural Parameters），首先必须考察模型识别的“阶条件”（Order Condition），即比较SVAR模型中待估计量的个数与VAR模型中待估计量的个数，二者之间的差额就是需要增加的约束条件个数。一般而言，SVAR模型系统中待估计量的个数比VAR模型系统待估计量的个数多。因此，要想获得SVAR模型系统的结构性参数，必须增加个约束条件。对于双变量SVAR模型系统，需要4个约束条件。

基于约束条件的设置的不同，可以将约束条件分为短期约束与长期约束。对于约束条件的设置，有很多种不同的方法，既有代表性的是Amisano & Giannini（2007）的研究提出的三种不同的设定，即AB型模型设定、C型模型设定和K型模型设定。由于本书使用的主要软件为Eviews5.0，该软件内置的设置为AB型模型设定，所以本书使用的是AB型模型设定。

AB型模型设定是首先将式（6.3）转换成如下形式：

$$A(L)Y_t = \xi_t \tag{6.4}$$

其中

$$\xi_t \sim VWG(0,\Omega)$$

$$E_t(\xi_t \xi_t') = \Omega$$

$$A(L) = I_n - A_1 L - A_2 L^2 - \cdots - A_P L^p$$

这里，*VWG*表示向量高斯白噪声过程（Vector Gaussian White Noise）假设矩阵*A*和*B*均为阶可逆矩阵，那么*AB*型模型设定就是要使矩阵*A*和*B*满足以下条件：

$$
\begin{aligned}
&AA(L)y_t = A\xi_t \\
&A\xi_t = Be_t \\
&E(e_t) = 0 \\
&E(e_t e_t') = I_n
\end{aligned}
\tag{6.5}
$$

因此，式 (6.5) 中矩阵 A 和矩阵 B 可以成为正交因子分解矩阵。在 AB 型模型设定中，可以进行短期约束条件设定和长期约束条件设定。其中，直接令矩阵 A 和 B 某些元素为特定值的约束条件称为“短期约束”。而长期约束条件是居于结构扰动项的累积长期脉冲响应的性质来设定的，其中较为著名的是 Blanchard & Quah(1989) 和 Sims & Bernanke(1986) 的分解形式。其实质上是设定矩阵 C，满足

$$C = (I_n - \hat{A}_1 - \cdots - \hat{A}_p)A^{-1}B \tag{6.6}$$

并且对矩阵 C 中的元素进行限制，进而构成了 SVAR 模型系统的长期约束。这样，就完成了对 SVAR 模型的设定和识别。

6.3 短期约束下财政政策工具与社会就业的 SVAR 模型系统

6.3.1 财政支出与社会就业的 SVAR 模型系统

由于财政政策的制定和实行往往存在时滞效应，而且财政政策从实施到对经济产生影响也往往存在时滞，所以财政政策变量对于宏观经济变量的当期效应可以设置为 0。在实际操作中，通常将当期效应标准化为 1。所以短期约束 AB 型模型中矩阵 A 可以设置如下：

$$A = \begin{bmatrix} 1 & 0 \\ NA & 1 \end{bmatrix}$$

其中 NA 表示一个不为 0 和 1 的常数。由于一个 n 阶 SVAR 模型的识别和估计需要 n^2 个约束条件，所以对于一个双变量 SVAR 模型而言，其识别和估计需要 4 个约束条件。对矩阵 A 的设定使用了两个约束，剩余的两个约束一般是采用把矩阵 B 设置如下：

$$B = \begin{bmatrix} NA & 0 \\ 0 & NA \end{bmatrix}$$

在以上对于矩阵 A 和矩阵 B 设置的基础上，财政支出与社会就业的双变量 SVAR 模型估计结果如下：

$$B = \begin{bmatrix} 0.029738 & 0 \\ 0 & 0.035159 \end{bmatrix}$$

将以上估计出来的矩阵 A 和矩阵 B 代入上一章财政支出与社会就业的向量自回归模型系统方程 (5.4) 中，进行适当的化简，就可以得到财政支出与社会就业的结构向量自回归模型系统方程。由于在上一章关于 VAR 模型系统方程 (5.4) 稳定性的考察中，发现其特征根全部位于单位圆内，即 VAR 模型系统方程 (5.4) 为稳定的系统，我们就

可以直接在其脉冲响应函数的基础上，考虑结构性因素，进而得到如下财政支出与社会就业的结构向量自回归模型的结构性脉冲响应函数（Structural Impulse Response Function）（见图 6.1）。

从以上财政支出与社会就业变量的双变量 SVAR 模型系统的结构性脉冲响应函数来看，财政支出的一个单位正的标准差冲击的当期社会就业效应等于 0。从第二期开始，财政支出冲击对于社会就业的效应为负值，大约在第三期，这一负效应达到最小值。然后这一负效应开始不断地衰减，并且在大约第六期转变为较小的正效应，这一正效应在第八期衰减至 0。

与上一章 VAR 模型系统（5.4）的脉冲效应函数相比，短期约束下的财政支出与社会就业的 SVAR 模型系统的结构脉冲响应显示的财政政策冲击的效应要大一些，但是其基本结论是一样的，即财政支出对于社会就业的效应小但持续的期间相对较长。

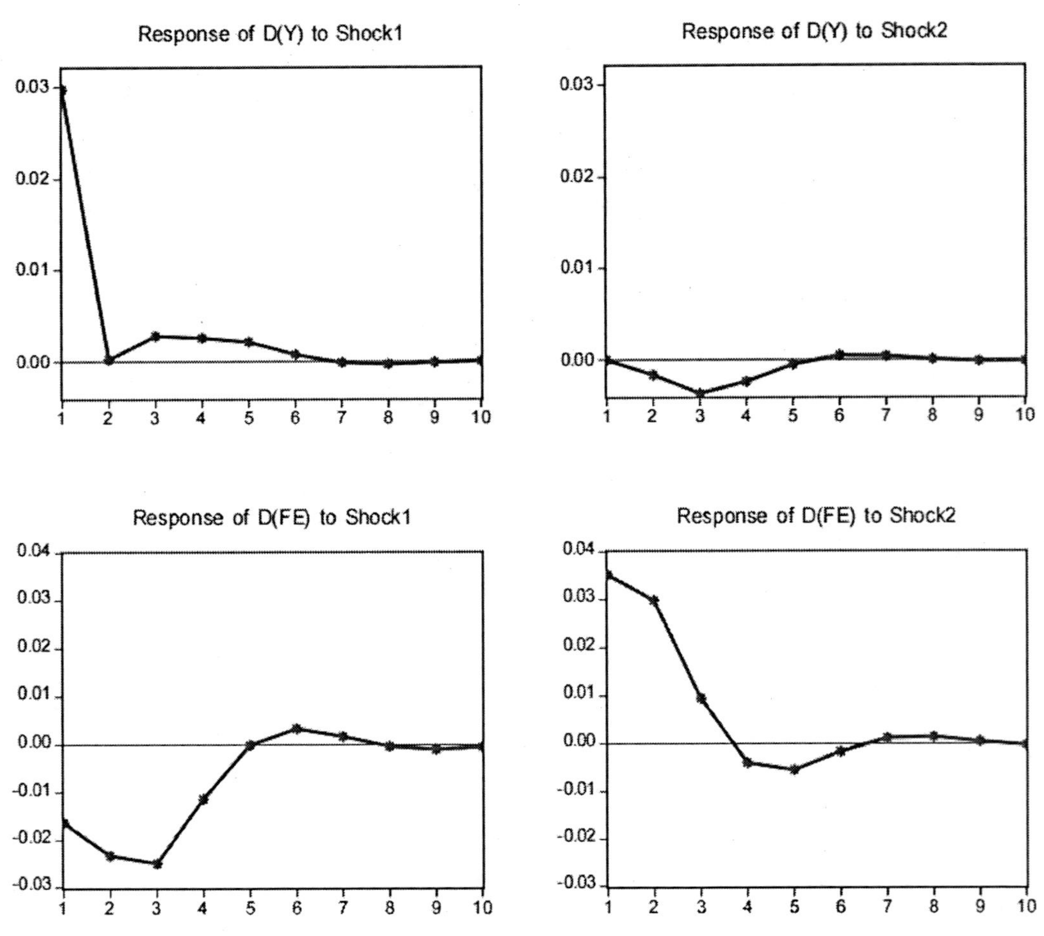

图 6.1　短期约束下财政支出与社会就业的 SVAR 模型系统的结构性脉冲响应函数

6.3.2 宏观税负与社会就业的 SVAR 模型系统

同样由于财政政策的时滞效应，类似于以上财政支出与社会就业的 SVAR 模型系统的短期约束矩阵 A 和矩阵 B 的设置，我们设置了宏观税负与社会就业的 SVAR 模型系统的短期约束 AB 模型的矩阵 A 和矩阵 B 。保持其他的变量不变，结合上一章宏观税负与社会就业的 VAR 模型系统方程 (5.6)，可以得到宏观税负与社会就业的 SVAR 模型系统的短期约束矩阵 A 和矩阵 B 的估计如下：

$$A=\begin{bmatrix} 1 & 0 \\ 0.033065 & 1 \end{bmatrix} \qquad B=\begin{bmatrix} 0.028949 & 0 \\ 0 & 0.021335 \end{bmatrix}$$

将以上估计出来的矩阵 A 和矩阵 B 代入上一章宏观税负与社会就业的向量自回归模型系统方程 (5.6) 中，进行适当的化简，就可以得到宏观税负与社会就业的结构向量自回归模型系统方程。由于在上一章关于 VAR 模型系统方程 (5.6) 稳定性的考察中，发现其特征根全部位于单位圆内，即 VAR 模型系统方程 (5.6) 为稳定的系统，我们就可以直接在其脉冲响应函数的基础上，考虑结构性因素，进而得到如下宏观税负与社会就业的结构向量自回归模型的结构性脉冲响应函数：

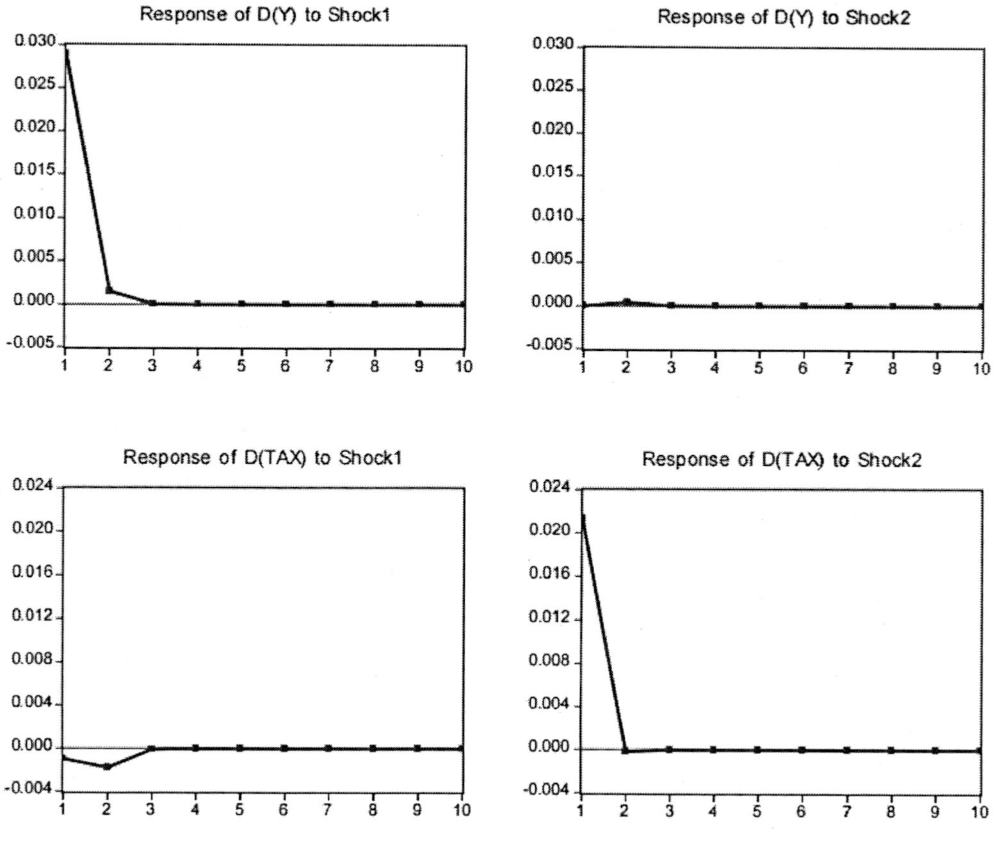

图 6.2 短期约束下宏观税负与社会就业的 SVAR 模型系统的结构性脉冲响应函数

从以上宏观税负与社会就业的SVAR模型系统的结构性脉冲响应函数可以看出，宏观税负的冲击对于社会就业的效应几乎可以忽略不计。这一结构性脉冲响应函数与上一章宏观税负与社会就业的VAR模型系统的脉冲响应函数没有显著的差别，宏观税负一个单位正的标准差的冲击对于社会就业的即期效应等于0；在第二期，这一正向冲击对社会就业产生了较小的效应，但是这一效应几乎可以忽略不计，而且这一效应很快衰减至0。因此，从以上宏观税负与社会就业的SVAR模型系统的结构性脉冲响应函数与上一章宏观税负与社会就业的VAR模型系统的脉冲响应函数都可以揭示出宏观税负的社会就业效应小且不具有持续性。

6.3.3 结论

在这一小节，基于短期约束的AB型模型分别建立了两个不同的财政政策工具——财政支出、宏观税负和社会就业的SVAR系统，并通过求解其结构性脉冲响应函数，分别考察了这两个不同的财政政策工具的冲击对于社会就业效应的大小。研究结果发现，在本书的考察期内，就选取的财政政策工具而言，财政政策冲击对于社会就业的影响十分有限。由于第4章实证研究结果发现，财政政策工具——财政支出与宏观税负的系数均在很大的显著性水平上才具有统计上的显著性，所以本小节的研究结论基本上与第4章的实证研究的结论相吻合，与第5章财政政策与社会就业的VAR模型系统的研究结论也基本一致。

6.4 短期约束下货币政策工具与社会就业的SVAR模型系统

6.4.1 流通中的现金数量与社会就业的SVAR模型系统

与财政政策的时滞效应类似，货币政策的制定和实行往往存在时滞效应，而且货币政策从实施到对经济产生影响也往往存在时滞。基于此，将短期约束AB型模型下货币政策与社会就业的SVAR模型系统的矩阵A和矩阵B设置成与短期约束下财政政策与社会就业的矩阵A和矩阵B相同。依据上一章流通中的现金数量M_0与社会就业的VAR模型系统方程（5.8），结合中国自1978年至2008年的时间序列数据，对矩阵A和矩阵B进行估计，估计的结果如下：

$$A=\begin{bmatrix}1 & 0\\ 0.162328 & 1\end{bmatrix}\quad B=\begin{bmatrix}0.025736 & 0\\ 0 & 0.071825\end{bmatrix}$$

将以上估计出来的矩阵A和矩阵B代入上一章流通中的现金数量M_0与社会就业的向量自回归模型系统方程（5.8）中，进行适当的化简，就可以得到流通中的现金数量M_0与社会就业的结构向量自回归模型系统方程。由于在上一章关于VAR模型系统方程（5.8）稳定性的考察中，发现其特征根全部位于单位圆内，即VAR模型系统方程（5.8）为稳定的系统，我们可以直接在其脉冲响应函数的基础上，考虑结构性因素，得到流

通中的现金数量 M_0 与社会就业的结构向量自回归模型的结构性脉冲响应函数。

从流通中的现金数量 M_0 与社会就业的结构向量自回归模型的结构性脉冲响应函数中可以看到，流通中的现金数量 M_0 的一个单位正的标准差的冲击对于社会就业的当期效应为 0；在第二期，流通中的现金数量 M_0 的冲击对于社会就业的效应为正值，这一效应在本书的考察期内不断地增大，且并没有出现任何衰减的趋势。这一效应与上一章向量自回归模型系统 (5.8) 中流通中的现金数量 M_0 的冲击对于社会就业的效应类似。究其原因，在于由于数据的缺失，本书考察的时间序列期间较短，无法在本书的考察期内得到其衰减的趋势。因此，从本章流通中的现金数量 M_0 与社会就业的短期约束下的结构性脉冲响应函数和上一章流通中的现金数量 M_0 与社会就业的 VAR 模型的脉冲响应函数中可以得出如下结论：流通中的现金数量 M_0 的冲击对于社会就业具有正的且持续性的影响。

同时，这一研究结论与 Alexius & Holmlund(2007) 的研究结论具有较大的相似。后者在研究中使用了瑞典 1970 年至 2005 年的数据，在 SVAR 的框架内展开研究，结果发现货币政策对于瑞典社会失业具有强且长期持续性的影响。据他们的估计结果，大约有 30% 的失业波动是由于货币政策冲击带来的，而且将近 30% 的政策冲击对瑞典社会失业产生的效应持续了 10 年之久。

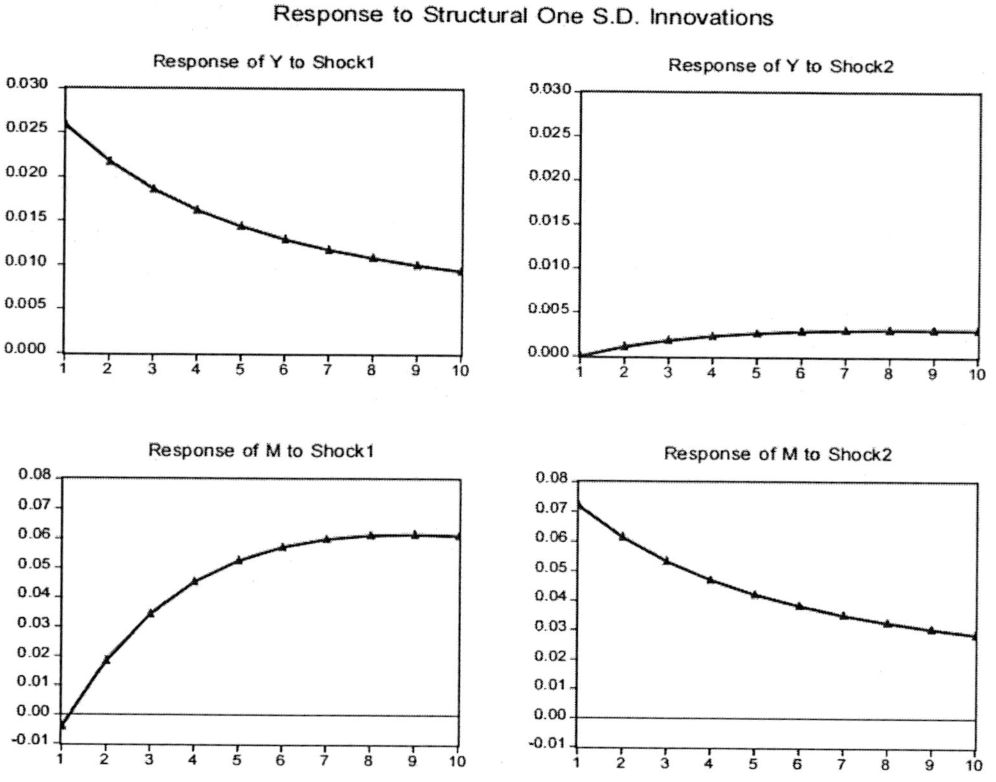

Response to Structural One S.D. Innovations

Response of Y to Shock1

Response of Y to Shock2

Response of M to Shock1

Response of M to Shock2

图 6.3　短期约束下流通中的现金数量 M_0 与社会就业的 SVAR 模型的结构性脉冲响应函数

6.4.2 社会信贷余额与社会就业的 SVAR 模型系统

与以上流通中的现金数量 M_0 与社会就业的 SVAR 模型的短期约束矩阵 A 和矩阵 B 的设置类似，我们构建了短期约束 AB 型模型社会信贷余额与社会就业的 SVAR 模型系统，在保持其他变量的设定不变的前提下，运用中国 1978 年至 2008 年的时间序列数据，估计出社会信贷余额与社会就业的 SVAR 模型短期约束的矩阵 A 和矩阵 B:

$$A=\begin{bmatrix}1 & 0\\ -0.269031 & 1\end{bmatrix}\qquad B=\begin{bmatrix}0.027018 & 0\\ 0 & 0.044936\end{bmatrix}$$

将以上估计出来的矩阵 A 和矩阵 B 代入上一章社会信贷余额与社会就业的向量自回归模型系统方程（5.10）中，进行适当化简，就可以得到社会信贷余额与社会就业的结构向量自回归模型系统方程。由于在上一章关于 VAR 模型系统方程（5.10）稳定性的考察中，发现其特征根全部位于单位圆内，即 VAR 模型系统方程（5.10）为稳定的系统，我们就可以直接在其脉冲响应函数的基础上，考虑结构性因素，进而可以得到如下社会信贷余额与社会就业的结构向量自回归模型的结构性脉冲响应函数（见图 6.4）。

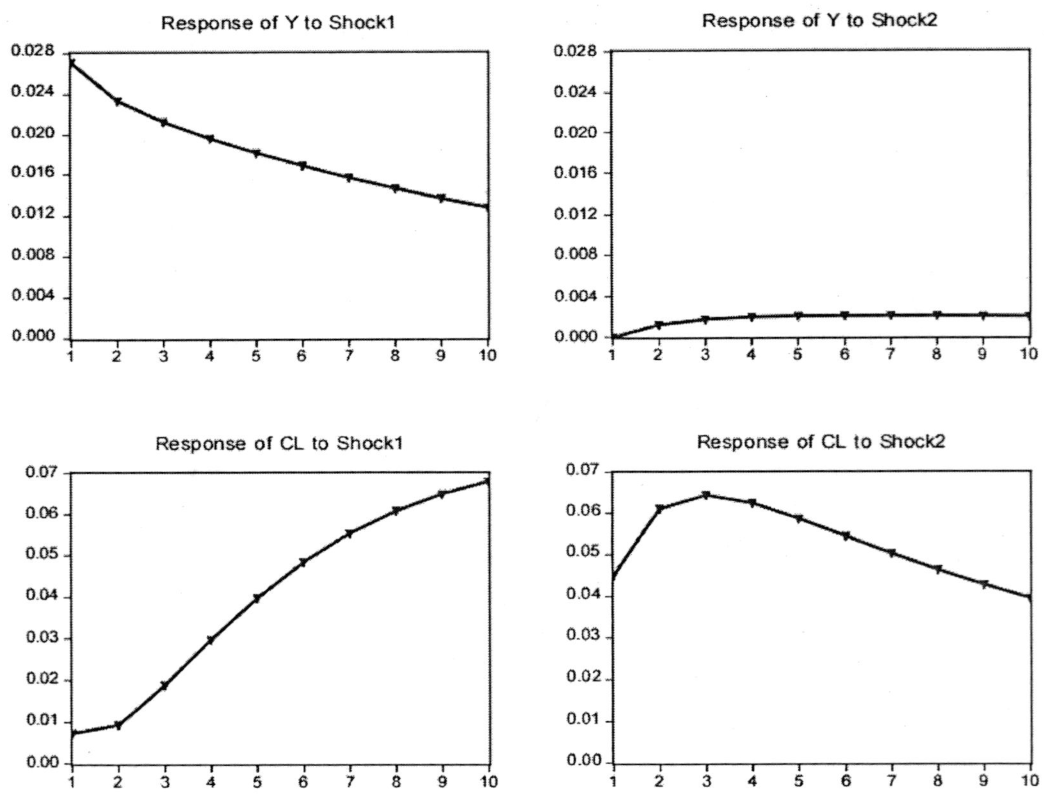

图 6.4 短期约束下社会信贷余额与社会就业的 SVAR 模型的结构性脉冲响应函数

从社会信贷余额与社会就业的 SVAR 模型系统的结构性脉冲响应函数中可以看到，

社会信贷余额的一个单位正的标准差的冲击对于社会就业的当期效应为 0；在第二期，社会信贷余额的冲击对于社会就业的效应为正值，并且这一效应在本书的考察期内不断地增大，而且并没有出现任何衰减的趋势。这一效应与上一章向量自回归模型系统 (5.10) 中社会信贷余额的冲击对于社会就业的效应类似。究其原因，在于由于数据的缺失，本文考察的时间序列期间较短，无法在本书的考察期内得到其衰减的趋势。因此，从本章社会信贷余额与社会就业的短期约束下的结构性脉冲响应函数和上一章社会信贷余额的与社会就业的 VAR 模型的脉冲响应函数中可以得出如下结论：社会信贷余额的冲击对于社会就业具有正的且持续性的影响。同样地，这一研究结论与 Alexius & Holmlund(2007) 的研究结论具有较大的相似。

6.4.3 结论

在这一小节，基于短期约束的 AB 型模型分别建立了两个不同的货币政策工具——流通中的现金数量 M_0、社会信贷余额和社会就业的 SVAR 系统，并通过求解其结构性脉冲响应函数，分别考察了这两个不同的货币政策工具的冲击对于社会就业的效应的大小。

研究结果发现，在本书的考察期内，就选取的货币政策工具而言，货币政策冲击对于社会就业具有正且持续性的影响。由于第 4 章实证研究结果发现，货币政策工具——流通中的现金数量 M_0 与社会信贷余额的系数均为正值且在较小的显著性水平上具有统计上的显著性，所以本小节的这一研究结论基本上与第 4 章的实证研究的结论相吻合。同样，本小节的研究结论与第 5 章财政政策与社会就业的 VAR 模型系统的研究结论也基本一致。

6.5 长期约束下财政政策工具与社会就业的 SVAR 模型系统

6.5.1 财政支出与社会就业的 SVAR 模型系统

正如本章第 6.2 节所介绍的那样，长期约束下的 SVAR 模型系统实际上通过另外一个矩阵 C 将短期约束的矩阵 A 和矩阵 B 联系起来。但是，长期约束的 SVAR 模型系统的约束矩阵 C 必须具有经济意义，所以在其设置上必须找到经济足额理论依据，并且必须使矩阵 C 满足式 (6.6)。

长期以来，真实经济周期理论 (RBC) 坚持认为只有技术冲击才能够对实际经济变量产生永久性的影响，虽然也有研究如 Blanchard(2003) 等，表明货币政策对于社会就业能够产生持续的影响，甚至能够改变经济中的实际变量（如自然失业率）。并且 Alexius & Holmlund(2007) 的研究表明货币政策对于就业的影响甚至持续了 10 个时期之久。但是，Galí(1999) 等一系列的研究均表明，虽然货币政策在长期内能够影响到社会就业等实际变量，但是其效应随时间的流逝而衰减，只有技术冲击才能够对实际变量产生永久性的影响。基于此，在长期约束的 SVAR 模型系统的长期约束矩阵 C 的设置上，一定要保证以下两个方面的约束能够成立，即：

（1）矩阵 C 的设置必须保证财政政策与货币政策的效应在长期内出现衰减；

（2）矩阵 C 的设定必须保证式（6.6）成立。

在长期约束的 SVAR 模型系统的估计的实际操作中，一般的软件如 Eviews 系列产品都将矩阵 A 自动设置为单位矩阵，即

$$A=\begin{bmatrix}1 & 0\\0 & 1\end{bmatrix}$$

然后依据矩阵 B 估计矩阵 C。在估计过程中可以依据系数的显著性和对数似然（Log Likelihood）值的大小，对矩阵 C 进行调整。基于以上设定原则，结合短期约束的财政支出与社会就业的 SVAR 模型系统，本章估计的财政政策与社会就业的长期约束 SVAR 模型系统的矩阵 B 和矩阵 C 为

$$B=\begin{bmatrix}0.029186 & 0\\-0.022795 & 0.031369\end{bmatrix}\quad C=\begin{bmatrix}0.038862 & 0\\-0.083828 & 0.050926\end{bmatrix}$$

将以上估计出来的矩阵 B 和矩阵 C，结合矩阵 A 的设定以及上一章财政支出与社会就业的 VAR 模型系统方程（5.4），就可以得到长期约束下的财政支出与社会就业的 SVAR 模型系统方程。在此基础上，运用中国 1978 年至 2008 年的数据，通过结构性分解，可以得到长期约束下财政支出与社会就业的 SVAR 模型系统的结构性脉冲响应函数。如图 6.5 所示，从其结构性脉冲响应函数中可以看出，财政支出一个单位正的标准差的冲击使得社会就业在第一期产生了正效应，这一正效应在第二期转变为负效应，并在第三期达到最大值，之后开始衰减并在第五期衰减至 0，之后一直较为平稳，但在第六期之后重新转变为正效应，但是这一正效应较小且持续性较差；在第七期又衰减至 0。因此，从财政支出与社会就业的长期约束 SVAR 模型的结构性脉冲响应函数中可以得到如下结论：财政支出的冲击对于社会就业产生了较为短暂的正效应和较长时期的负效应。

这一研究结论与第 4 章实证研究的结论存在一致性。第 4 章实证研究的结论显示，财政支出对于社会就业具有较小的正效应。但是，这一结论与上一章财政支出与社会就业的 VAR 模型系统的脉冲响应函数以及短期约束下的 SVAR 模型系统结构性脉冲响应函数所得到的结论存在差异。但是，基本的结论还是吻合的，财政支出对于社会就业存在较小的负效应，且这一负效应持续了较长的时期。

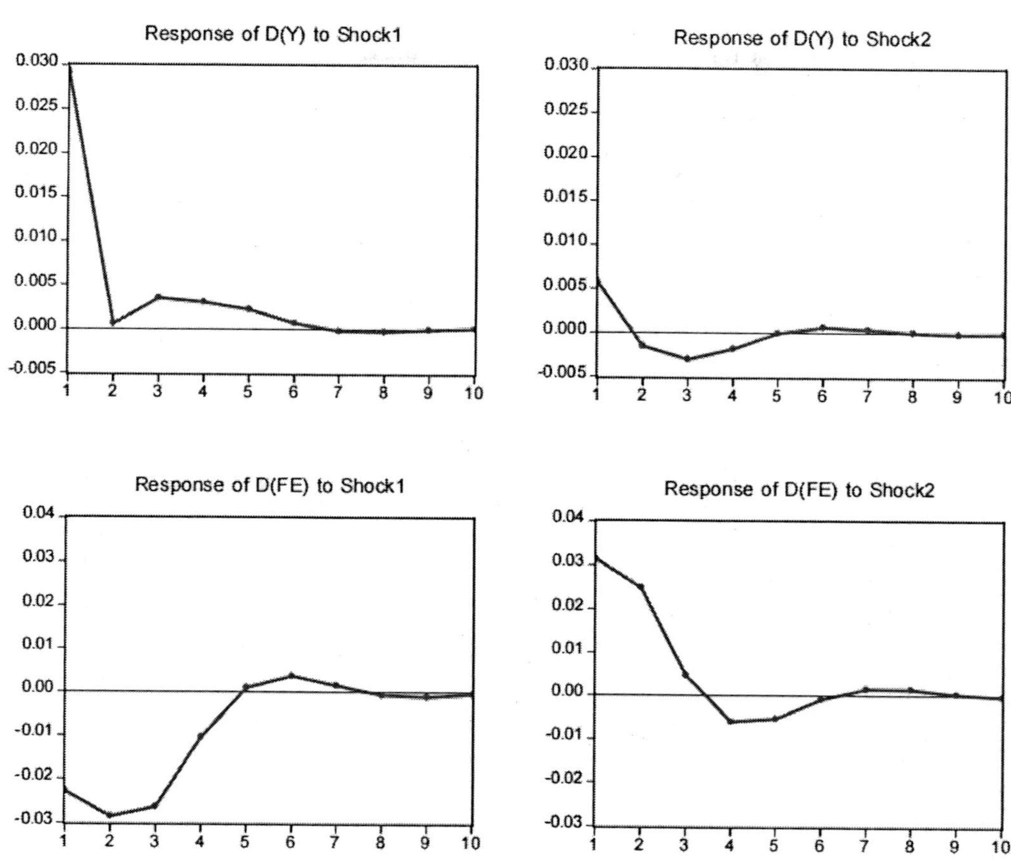

图 6.5　长期约束下财政支出与社会就业的 SVAR 模型系统的结构性脉冲响应函数

6.5.2 宏观税负与社会就业的 SVAR 模型系统

与以上长期约束的设定类似，我们估计了长期约束下宏观税负与社会就业的 SVAR 模型系统的长期约束矩阵 C，并得到与之相联系的矩阵 B 如下：

$$B=\begin{bmatrix} 0.028946 & -0.000401 \\ -0.000662 & 0.021346 \end{bmatrix} \qquad C=\begin{bmatrix} 0.030509 & 0 \\ -0.002520 & 0.021187 \end{bmatrix}$$

将以上估计出来的矩阵 B 和矩阵 C，结合矩阵 A 的设定以及上一章宏观税负与社会就业的 VAR 模型系统方程 (5.6)，可以得到长期约束下的财政支出与社会就业的 SVAR 模型系统方程。在此基础上，运用中国 1978 年至 2008 年的数据，通过结构性分解，可以得到长期约束下宏观税负与社会就业的 SVAR 模型系统的结构性脉冲响应函数。如图 6.6 所示，从其结构性脉冲响应函数中可以看出，宏观税负的一个单位正的标准差的冲击对于社会就业的效应几乎可以忽略不计。这一结论与上一章宏观税负与社会就业的 VAR 模型的脉冲响应函数所得到的结论一致，也与短期约束下的宏观税负与社会就业的 SVAR 模型系统的结构性脉冲响应函数所得到的结论一致。同样地，这一结论也较好地吻合了

第 4 章实证研究的结论，即宏观税负对于社会就业的影响小且不显著。

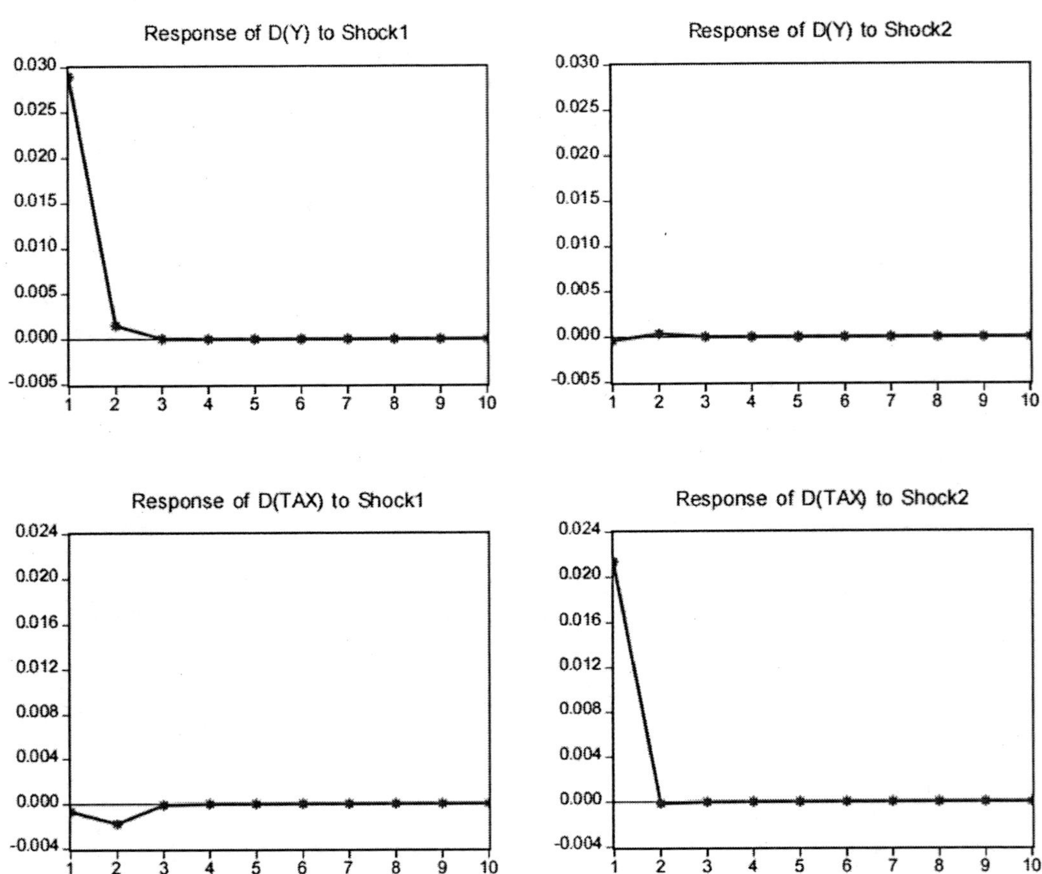

图 6.6　长期约束下宏观税负与社会就业的 SVAR 模型系统的结构性脉冲响应函数

6.5.3 结论

在这一小节，基于长期约束的 C 型模型分别建立了两个不同的财政政策工具——财政支出、宏观税负和社会就业的 SVAR 系统，并通过求解其结构性脉冲响应函数，分别考察了这两个不同的财政政策工具的冲击对于社会就业的效应的大小。研究结果发现，在本书的考察期内，财政支出的冲击对于社会就业存在短期的正效应，之后转变为持续了较长时期的负效应，但是这一负效应较小。这一研究的结论与第 4 章实证研究的结论以及第 5 章的 VAR 模型结论和本章短期约束下的 SVAR 模型的结论存在差异。但是，存在的共同点是财政政策对于社会就业存在负效应。

与第 4 章实证研究的结论以及第 5 章的 VAR 模型结论和短期约束下的 SVAR 模型的结论相同，宏观税负对于社会就业的作用几乎可以忽略不计。因此，在本书的考察期内，就选取的财政政策工具变量而言，财政政策对于社会就业的效应较小。

6.6 长期约束下货币政策工具与社会就业的 SVAR 模型系统

6.6.1 流通中的现金数量 M_0 与社会就业的 SVAR 模型系统

与长期约束下财政政策工具与社会就业的 SVAR 模型系统的类似，货币政策工具——流通中的现金数量 M_0 与社会就业的长期约束矩阵 C 与矩阵 B 的设置也必须满足本章第 6.5.1 小节给出的两个约束条件，并且由于货币政策工具对于社会就业不会产生永久性影响，即流通中的现金数量 M_0 的冲击对于社会就业的效应必须在长期内衰减，而不会永久地持续下去。在以上设定的基础上，结合上一章流通中的现金数量 M_0 与社会就业的 VAR 模型系统方程 (5.8)，得到长期约束下的矩阵 B 和矩阵 C 的估计如下:

$$B=\begin{bmatrix} 0.011881 & -0.022830 \\ -0.065640 & 0.029454 \end{bmatrix} \qquad C=\begin{bmatrix} 0.076665 & 0.372994 \\ 0 & 2.386487 \end{bmatrix}$$

将以上估计出来的矩阵 B 和矩阵 C，结合矩阵 A 的设定以及上一章流通中的现金数量 M_0 与社会就业的 VAR 模型系统方程 (5.8)，就可以得到长期约束下的流通中的现金数量 M_0 与社会就业的SVAR模型系统方程。在此基础上，运用中国 1978 年至 2008 年的数据，通过结构性分解，可以得到如下长期约束下流通中的现金数量 M_0 与社会就业的 SVAR 模型系统的结构性脉冲响应函数 (见图 6. 7)。

从以上长期约束下的结构性脉冲响应函数可以看出，流通中的现金数量 M_0 的一个单位正的标准差的冲击使得社会就业在第一期上升 0. 023 个单位的标准差，然后这一正效应不断衰减，在本书的考察期内，这一正效应在第十个时期还没有衰减至 0。这一研究结论与 Alexius & Holmlund(2007) 的研究结论具有较大的相似。同时，这一研究结论与第 4 章实证估计的结论基本一致，也与第 5 章流通中的现金数量 M_0 与社会就业的 VAR 模型系统的脉冲响应函数以及短期 SVAR 模型系统的结构性脉冲响应函数所得到的结论基本一致，即流通中的现金数量 M_0 的冲击对于社会就业产生了正效应。只不过，在短期约束下的 SVAR 模型系统的结构性脉冲响应函数在第十个时期并没有衰减的趋势，而长期约束下则呈现出衰减的趋势。

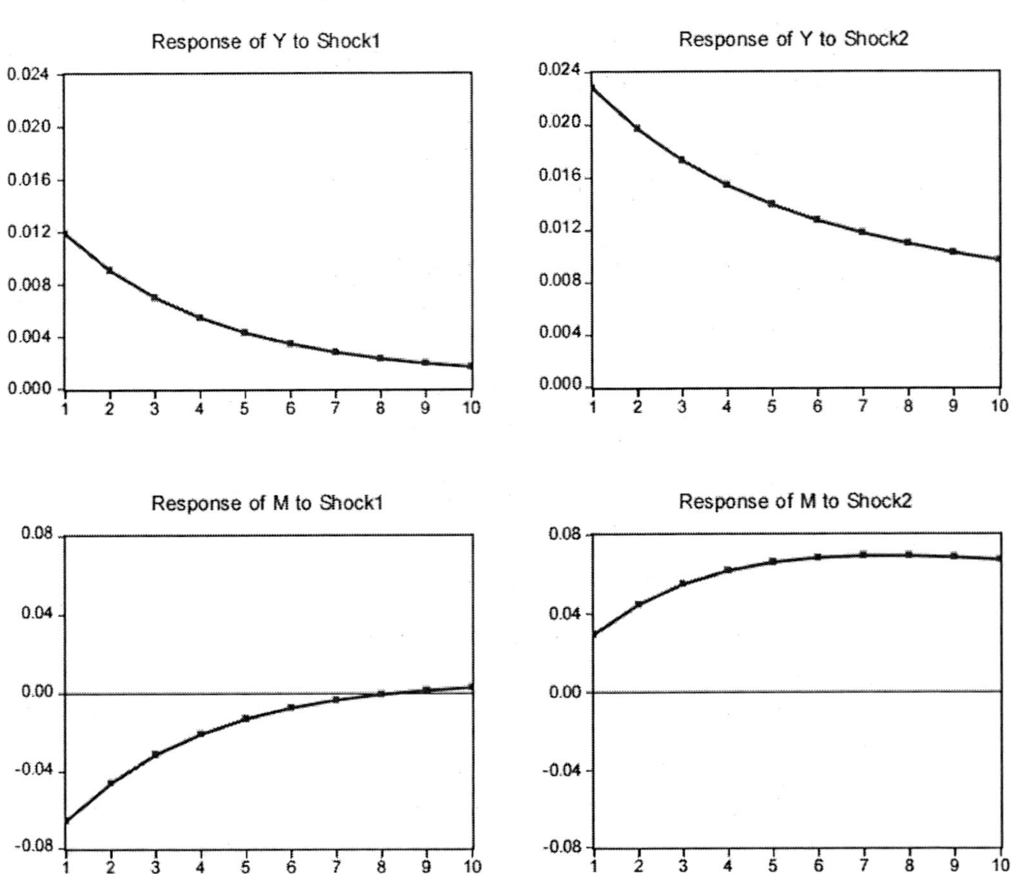

图 6.7　长期约束下流通中的现金数量 M_0 与社会就业的 SVAR 模型的结构性脉冲响应函数

6.6.2 社会信贷余额与社会就业的 SVAR 模型系统

与长期约束下流通中的现金数量 M_0 与社会就业的 SVAR 模型系统的类似，货币政策工具——社会信贷余额与社会就业的长期约束矩阵 C 与矩阵 B 的设置也必须满足本章第 6.5.1 小节给出的两个约束条件，并且由于货币政策工具对于社会就业不会产生永久性影响，即社会信贷余额的冲击对于社会就业的效应必须在长期内衰减，而不会永久地持续下去。在以上设定的基础上，结合上一章社会信贷余额与社会就业的 VAR 模型系统方程（5.10），得到长期约束下的矩阵 B 和矩阵 C 的估计如下：

$$B=\begin{bmatrix}0.011158 & 0.024705\\ -0.037951 & 0.025143\end{bmatrix}\qquad C=\begin{bmatrix}0.112474 & 0.408290\\ 0 & 2.859406\end{bmatrix}$$

将以上估计出来的矩阵 B 和矩阵 C，结合矩阵 A 的设定以及上一章社会信贷余额与社会就业的 VAR 模型系统方程（5.10），就可以得到长期约束下的社会信贷余额与社会就业的 SVAR 模型系统方程。在此基础上，运用中国 1978 年至 2008 年的数据，通过结构性分解，可以得到如图 6.8 所显示的长期约束下社会信贷余额与社会就业的 SVAR 模型系统的结构性脉冲响应函数。

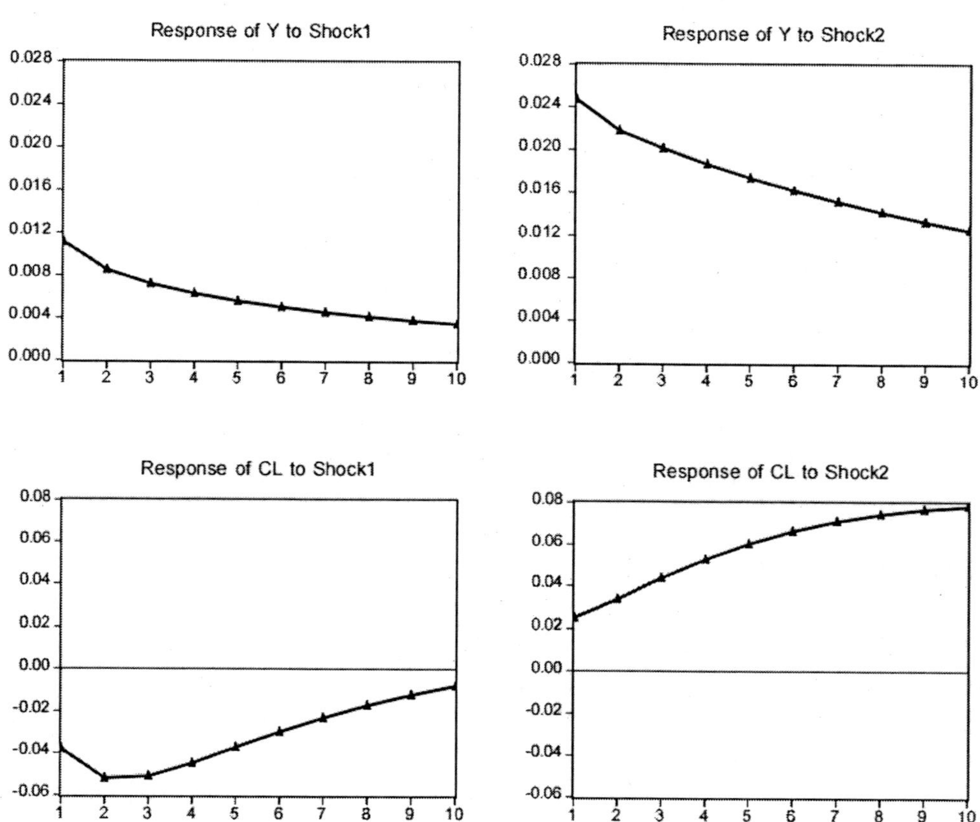

图 6.8 长期约束下社会信贷余额与社会就业的 SVAR 模型的结构性脉冲响应函数

从长期约束下社会信贷余额与社会就业的结构性脉冲响应函数可以看出，社会信贷余额的一个单位正的标准差的冲击，使得社会就业上升 0.025 个单位的标准差，这一正效应在本书的考察期内不断衰减。但是，这一正效应持续了较长的时期，在第十个时期的时候，这一正效应还没有衰减至 0。这一研究结论与 Alexius & Holmlund(2007) 的研究结论具有较大的相似。同时，这一研究结论与第 4 章实证估计的结论基本一致，也与第 5 章流通中的社会信贷余额和社会就业的 VAR 模型系统的脉冲响应函数以及本章短期 SVAR 模型系统的结构性脉冲响应函数所得到的结论基本一致，即社会信贷余额的冲击对于社会就业产生了正效应。只不过，在短期约束下的 SVAR 模型系统的结构性脉冲响应函数在第十个时期并没有衰减的趋势，而长期约束下则呈现出衰减的趋势。

6.6.3 结论

在这一小节，基于长期约束的 C 型模型分别建立了两个不同的货币政策工具——

流通中的现金数量M_0、社会信贷余额与社会就业的SVAR系统，并通过求解其结构性脉冲响应函数，分别考察了这两个不同的货币政策工具的冲击对于社会就业的效应的大小。研究结果发现，在本书的考察期内，就选取的货币政策工具而言，无论是流通中的现金数量M_0，还是社会信贷余额，都对社会就业产生了正的且具有较长持续性的影响。这一研究的结论与第4章实证研究的结论以及第5章的VAR模型结论和本章短期约束下的SVAR模型的结论基本一致。

不过，与第5章货币政策与社会就业的VAR模型系统脉冲响应函数以及本章第4节短期约束下货币政策与社会就业SVAR模型系统的结构性脉冲响应函数所得到的结论不同的是，在长期约束下，货币政策工具对于社会就业的效应呈现不断衰减的趋势，而前两者并没有出现这样的趋势。

6.7 财政政策与货币政策的就业效应比较

从以上长期约束下的各个财政政策工具变量、货币政策工具变量与社会就业的SVAR模型系统的结构性脉冲响应函数中可以看出，财政支出对于社会就业存在短暂且较小的正向作用以及持续较长时期且较小的负向作用；宏观税负对于社会就业的作用几乎可以忽略不计。流通中的现金数量M_0对社会就业存在较大且具有比财政支出更长持续性的正向作用，并且这一正向作用表现出不断衰减的趋势；另一货币政策工具社会信贷余额对于社会就业也存在较大且具有与流通中的现金数量M_0相类似的持续性的正向效应，并且这一正向效应也表现出不断衰减的趋势。因此，就本书长期约束下的各个财政政策工具、货币政策工具与社会就业的SVAR模型的结构性脉冲响应函数来看，相对于货币政策，财政政策的就业效应较差。这一研究结论与第4章实证研究的结论类似，也与第5章各个变量与社会就业的VAR模型系统以及短期约束下的SVAR模型系统得到的结论相同。

6.8 本章小结

在本章的研究中，首先分析了一般情形下的短期与长期约束下的双变量SVAR模型的构建、识别以及脉冲响应函数等方面的问题。在此基础上，分别构建了短期约束下财政政策工具变量——财政支出、宏观税负与社会就业的SVAR模型系统和货币政策工具变量——流通中的现金数量M_0、社会信贷余额与社会就业的SVAR模型系统，并利用相关数据对以上四个SVAR系统的约束条件矩阵A和矩阵B进行估计。在此基础上，分别考察了以上四个SVAR系统的结构性脉冲响应函数，进一步分析了长期约束下的各个财政政策工具变量、货币政策工具变量与社会就业的SVAR模型系统，利用中国的数据，估计了其长期约束的条件矩阵B和矩阵C，得到其结构性脉冲响应函数。研究结果发现：无论是短期约束下的结构性脉冲响应函数，还是长期约束下的结构性脉冲响应函数都表明，财政政策工具变量在促进社会就业方面的作用要小于货币政策，即财政政策的就业效应要小于货币政策。不过，与第 5 章货币政策与社会就业的 VAR 模型系统脉冲响应函数以及本章第 4 节短期约束下货币政策与社会就业 SVAR 模型系统的结构性脉冲响应函数所得到的结论不同的是，在长期约束下，货币政策工具对于社会就业的效应呈现不断衰减的趋势，而前两者并没有出现这样的趋势。

在以上分析的基础上，本书进一步对财政政策与货币政策的就业效应进行了对比。

第7章 总结

7.1 本书的主要研究结论及其局限性

7.1.1 经验估计的基本结论

本书通过使用中国1978年至2008年中国城镇登记从业人员数量的对数作为社会就业的代理变量，使用财政支出与宏观税负作为财政政策工具的变量，使用流通中的现金数量M_0与社会信贷余额作为货币政策工具的变量，通过建立经验研究模型考察财政政策和货币政策对于中国社会就业的影响。为了使研究模型更加具有代表性，在模型中加入了1978年至2008年的经济增长率（以GDP的增长率为代理变量）以考察中国经济增长的就业效应；同时，由于主流的宏观经济理论认为外生的供给冲击会导致经济的波动，进而影响经济中的实际变量，所以本书在实证研究的模型中加入石油冲击作为外生冲击的代理变量。因此，本书经验研究的模型实际上包含了财政政策工具、货币政策工具、经济增长率与石油价格波动等变量。

研究结论发现，财政支出对于社会就业存在较小且在很大的显著性水平上（15%的显著性水平，见第4章）才具有显著的正效应，而宏观税负对于社会就业存在较小且在20%的显著性水平上才具有显著性的负效应。流通中的现金数量M_0和社会信贷余额对于社会就业存在较大的且在5%的显著性水平上具有显著性的正效应。经济增长率对于社会就业具有较小的（远远小于奥肯定律所显示的水平）却具有统计显著性的正效应；而另一变量石油价格冲击对于中国的社会就业具有不显著的负效应。

因此，从经验研究的结论来看，在本书的考察期内，就所选取的政策工具变量而言，货币政策的就业效应要大于财政政策的就业效应，同时货币政策的就业效应也大于经济增长带来的就业效应。因此，本书经验研究的结论意味着货币政策对于中国社会就业的贡献要大于财政政策的贡献，也大于经济增长的贡献。

7.1.2 政策冲击试验的基本结论

为了更好地考察财政政策与货币政策的就业效应的大小，本书进一步通过冲击试验对二者的就业效应进行考察。

首先分别构建了不同的财政政策工具和货币政策工具与社会就业的VAR模型系统，考察了不同的财政政策工具冲击与货币政策工具冲击对于中国社会就业的影响。研究结果发现财政政策工具冲击，无论是财政支出冲击还是宏观税负冲击，对于社会就业的效应均小于货币政策工具冲击（流通中的现金数量 M_0 和社会信贷余额）带来的社会就业效应（具体内容和结论见第 5 章）。

在 VAR 模型分析的基础上，分别构建了短期约束和长期约束下的各个变量与社会就业的 SVAR 模型系统，并通过求解各自的结构性脉冲响应函数以考察不同的财政政策工具冲击和货币政策工具冲击对于社会就业的效应。研究的结果也得到了类似于 VAR 模型系统的结论，即财政政策工具冲击的就业效应不如货币政策工具冲击的就业效应（具体内容和结论见第 6 章）。

综上分析，得到如下结论：在本书的考察期内，就所选择的财政政策工具和货币政策工具变量而言，财政政策所带来的就业效应小于货币政策所带来的就业效应。

7.1.3 本文研究的局限性

第一，由于数据的缺失，在财政政策工具与货币政策工具的选择上存在一定的局限性。由于无法取得中国国债的自 1978 年至 2008 年的数据，本书只好选择宏观税负作为财政政策工具的变量。同样地，由于无法取得中国广义货币供给量（ M_2 ）自 1978 年至 2008年的数据，在研究过程中选取的是流通中的现金数量（ M_0 ）指标作为货币政策工具。这些指标虽然也可以用来作为财政政策和货币政策工具的变量，但是可能存在较大的局限性。

第二，由于中国的就业统计工作还比较落后，很多指标的统计存在种种不足，所以本书的研究仅仅停留在研究财政政策与货币政策对社会总体就业率的影响。但事实上，由于中国幅员辽阔和地区经济发展的差异，财政政策和货币政策的就业效应的大小可能会随着区域的变动而变动，本书受到统计数据的限制，未能进行这个方面的深入研究。

第三，同样由于统计数据的原因，很难收集到中国分地区和行业的就业数据以构成面板数据集。如果在研究中使用行业的面板数据，运用面板向量自回归模型 (Panel Vector Auto-regression Model，PVAR) 和面板结构向量自回归模型 (Panel Structural Vector Auto-regression Model，PSVAR) 来分析财政政策和货币政策的就业效应，可能会得到更多良好的结论。

7.2 促进社会就业的政策组合原则建议

7.2.1 政策组合的原则

从以上的分析结论中可以看出，财政政策的就业效应要小于货币政策的就业效应。因此，在考虑通过宏观经济政策促进社会就业时，应优先考虑使用货币政策来促进社会就业，并在此基础上，通过适当地使用与货币政策目标一致的财政政策进行辅助，以实现在促进社会就业目标的同时保持经济的稳定和物价的稳定。

同样地，从以上经验研究的结论中可以看到，尽管中国经济增长所带来的就业效应小于货币政策带来的社会就业效应，但是经济增长对于社会就业仍然存在显著性的正效应。因此，“保增长”对于促进社会就业仍具有现实意义。

对于同一个国家而言，在不同的时期其宏观经济政策在目标取向上会有所不同。在很长一段时间里，中国的宏观经济政策是以促进经济增长为首要目标。在当前中国建设社会主义和谐社会的大背景下，面对中国日益严峻的社会就业形势，要实现人的全面发展，可以考虑在保证经济增长的前提下，考虑实行“以就业为优先目标的宏观经济政策”，即在保证经济适度快速增长的前提下，将促进社会就业作为宏观经济政策的首要目标。而在这样的政策目标原则下，如前所述，优先考虑使用货币政策工具，并配合使用相应的财政政策工具，以促进社会就业更快的增长，我们不妨将这一政策称为“就业优先的货币政策”。

7.2.2 就业优先的货币政策的内容

虽然宏观经济政策的目标包括经济增长、充分就业、价格稳定和国际收支平衡，但在具体的现实经济运行过程中和运用货币政策的过程中，由于 GDP 的大小能够影响一个国家的国际地位，所以各国货币政策经常是以促进经济增长为优先目标，然后通过经济增长来带动社会就业。这一思路的指导原则就是主流宏观经济学理论所强调的“奥肯定律”。

但是，本书的研究表明，虽然经济增长能够促进社会就业，但是经济增长带来的社会就业效应小于货币政策本身带来的社会就业效应（见第 4 章）。国内相关的研究（见第 2 章文献综述关于国内增长与就业的研究文献）也表明，中国经济增长带来的社会就业效应是有限的，并且这一有限的促进作用仍在不断下降。因此，货币政策的目标是以增长优先还是以就业优先对于促进社会就业而言，效果是不同的，即增长优先不等于就业优先或者增长与就业的不对称性。

一般而言，一国由于其经济增长的方式、经济结构、产业结构、劳动力市场结构、要素流动性、人口等诸多方面的原因，使得经济增长与社会就业之间的关系并不会一直保持着相同的关系，即“奥肯定律”所表述的经济增长与社会就业之间的关系不可能会一成不变的。在一定时期内，一国的经济增长可能会带来高的社会就业（一般称这种情况为“高增长高就业的就业友好型经济”），但是随着经济环境的变化，可能演变为经济增长与社会就业相排斥的就业排斥型经济。因此，货币政策目标的不同，带来的社会就业的效果也是不同的。在中国，目前农村存在大量的剩余劳动力，城市也面临着大量的城镇登记失业人口，还有大量高校毕业生面临着社会就业的问题。因此，严峻的社会就业形势也要求考虑改变宏观经济政策的目标，将以增长为优先的政策转变为以社会就业为优先目标的政策。

那么以社会就业目标为优先的货币政策应该包含哪些内容呢？本书认为可以包含以下几个方面：

第一，就业优先的货币政策要求以社会就业效应的大小或者就业效应的好坏作为评价货币政策工具的重要标准。这就决定了一方面在理论研究上，需要研究在中国人民银行可以采用的众多货币政策工具中，哪一种或者哪一些货币政策工具对于社会就业具有更大的促进作用。这样就可以将该货币政策工具或者货币政策工具组合应用于实践中以更大的促进社会就业；另一方面在实践中，要积极探索能够带来更大社会就业或具有更大的社会就业效应的新的货币政策工具。这样，才能够真正实现以社会就业为优先的货币政策的目标。

第二，切实改变相机抉择的货币政策，实行以就业目标为优先的货币政策。长期以来，中国的货币政策制定的原则是“逆风向行事”的相机抉择的原则。即货币政策的目标随着当前的经济形势的变化而调整，这一原则虽然有利于利用货币政策工具解决当前出现的实际经济问题，但是也影响了人们对于政府宏观经济政策的预期(Expectation)，使得宏观经济政策的就业效应无法充分地发挥出来。所以，就业优先的货币政策要求政府或者货币政策当局将货币政策的目标盯住社会就业，以社会就业为货币政策的重要目标，且作为规则固定下来，这一规则将增强人们对于政府解决社会失业问题的信心，进而影响人们的预期。

第三，就业优先的货币政策需要适当的财政政策相辅。将促进社会就业作为重要目标的就业优先的货币政策，需要与之具有一致目标的财政政策作为辅助。本书的研究表明，财政政策在促进社会就业方面的效应不如货币政策，但是并没有完全否定财政政策在促进社会就业方面的作用。因此，在实践中，就业优先的货币政策需要适当的财政政策相辅助。为什么就业优先的货币政策需要与之相应的财政政策工具来辅助呢？主要原因在于货币政策扩张或紧缩会对社会物价总水平产生影响，如扩张性的货币政策往往会导致物价上涨，造成通货膨胀。如果没有与之相应的财政政策与之相协调，可能会造成通货膨胀不断攀升，进而酿成经济危机、影响社会稳定。但是，如果辅之以相应的财政政策，一方面能够更好地发挥就业优先的货币政策的作用，更好地实现宏观经济政策的目标即促进社会就业；另一方面，在保证实现就业优先的目标下，对就业优先的货币政策辅之以适当的财政政策，能够在一定程度上减少对宏观经济政策其他目标的影响，如在保证社会就业的前提下，促进经济的增长和保证物价稳定等。

第四，就业优先的货币政策并不意味着将促进社会就业作为货币政策的唯一目标，只是将货币政策目标的重点放在促进社会就业方面。因此，在实践中，需要认清尽管就业优先的货币政策将促进社会就业放在货币政策目标的首要位置，但并不意味着放弃货币政策的其他目标，如经济增长、物价稳定等。

第五，以“促进社会就业规则”行事的就业优先的货币政策并不意味着在面临外部冲击给经济带来不利影响的时候，对经济中出现的新情况和新问题完全放任、置之不理。这一政策规则要求在盯住社会就业目标的前提下，面对经济中出现的新情况和新问题，在保障社会就业目标能够实现的前提下，积极研究这些新现象和新问题，并采取相应的措施解决。

总之，以就业目标为优先的货币政策并不意味着就业是货币政策的唯一目标，也不意味着在运用宏观经济政策来促进社会就业时货币政策是唯一的政策选择。这一政策的目标同样是多元化的，只不过在众多目标中，社会就业是优先的目标。同样地，实施这一货币政策，也需要与之具有相同目标的财政政策的辅助。这样，才能够更好地实现促进社会就业这一目标。

后 记

岁月不居，时节如流。转瞬间，博士毕业已过10年。这10年，于国家，中国经济从快速增长阶段进入高质量发展阶段；于个人，我在大学生就业研究与相关工作上，勤勤恳恳，兢兢业业。

这10年间，诸事繁杂，人到中年的工作、生活两头应接不暇逐一体验。这使得本书的出版一直无暇顾及。也想经过一段时间的沉淀，看看本书的选题、现实意义等是否经得起时间的检验。应学校和出版社的邀约和鼓励，我抽出时间重新审阅博士学位论文以备付梓。

从着手准备本书的材料，到本书的完成，用了近三年时间。在这三年里，我全身心投入科学研究和本书的写作上。2011年假期，对我来说终生难忘。那个炎热而多雨的夏天，我把自己关在家中，在堆积成山的书和材料中，阅读、研究与写作。当本书完成的时刻，我的心情却变得沉重和复杂起来，感觉不到一丝的轻松和兴奋，面对着博士研究生学习阶段的即将结束，我的内心有许许多多的不舍。

对我而言，博士是一个梦，一个期待已久的梦想。很多年前，我有幸来到中央财经大学中国经济与管理研究院这个名家云集的现代经济学殿堂，实现我的博士梦。在研读博士之前，我一直研究就业，并从事相关的工作——这是一个令人着迷的领域，因为它既是经济问题，也是社会问题，更是国民经济和社会发展中的重大问题。在经济的高质量发展阶段，充分就业是其应有之义。因而，在今天，“财政政策与货币政策的就业效应研究”仍然具有极强的现实意义。从学术上与主要经济体的政策实践来看，货币政策的目标是宏观稳定和微观稳定。宏观稳定包含充分就业、物价稳定和经济增长；微观稳定是实现整个金融体系的平稳运行，避免系统性金融风险的出现。而财政政策的目标有与货币政策相似的地方，即包含货币政策宏观稳定的部分，但同时还具备较强的“再分配”职能，其通过税收等手段来减轻贫富差距，实现收入的合理分配；并通过财政支出、税收调节等方式，弥补市场失灵，实现资源的合理配置。可以看到，货币政策的目标其实是一脉相承，具有内在联系的，而财政政策在宏观稳定的基础上肩负更多的“使命”，有更多价值判断的承载，政策目标的重点也会阶段性调整。因而，从理论上讲，促进就业，货币政策可能“天然”比财政政策更有效。

从目前货币政策、财政政策的可用政策空间、政策目标重点来看，也与本书的研究结论是相符合的，即可以优先考虑使用货币政策工具，并配合使用相应的财政政策工具，实施货币政策为主、财政政策为辅的“政策工具组合”，以达到促进社会就业的目的。

如今，阶段性的目标终于达成，心情无比激动。回想起我的求学之路，充满了艰辛……在攻读博士的五年中，在中国经济与管理研究院这个高水平的学术群体中，所受教益，难以言表。

首先，感谢我的导师张定胜教授。感谢张老师给了我继续深造的机会，让我有幸能够来到中国经济与管理研究院，接受高水平的经济学教育和训练，让我有机会聆听智者的心声。五年来，张老师自始至终关注我的学业，关心我本书的写作，严肃认真、一丝不苟地给予指导。从本书选题的确定、相关资料和书籍的收集到本书的框架结构及本书写作，张老师都严格把关，倾注了大量的时间和心血。可以说，没有张老师的支持和帮助，就不会有本书的完成。老师的治学态度、学者风范与科学精神永远值得我学习，也会一直鞭策我在经济学研究的道路上不断探索前行。

感谢中国经济与管理研究院的邹恒甫教授，多年来他一直致力于中国经济学教育的现代化，并为此付出了大量的心血。在博士研究生阶段的五年学习生活中，邹老师不辞劳苦，为我们请来了国内外优秀的学者，帮助我们进行经济学理论的学习和开展经济学研究。邹老师渊博的学识、深厚的经济学理论功底、注重探讨的学术精神、谦逊的人品和高风亮节永远是我治学为人的榜样。

感谢中央财经大学中国经济与管理研究院的各位老师，在他们的课堂上，我不断地学习现代经济学的知识，不断感受到现代经济学的魅力，不断感受到科学研究的精神。他们的博学和人格魅力将会在以后的学习和生活中不断地感染我，使我受益终身。感谢中央财经大学中国经济与管理研究院的各位教务人员为我们顺利完成学业所付出的辛劳和无私的奉献。

感谢中央财经大学经济学院的杨运杰教授、蒋选教授、高兴波教授，研究生部的陈晓冰老师，感谢他们给我信心，使我能够在艰苦的写作过程中不断坚持和努力。没有他们的鼓励，就没有本书的如期完成。

感谢我的朋友陈利锋博士、童菲博士、宋晓堃博士，他们在我的研究过程中提出了许多宝贵的建议，给予了我极大的支持。感谢邵樱、杨玉凤等朋友从生活、学习诸方面给予的无微不至的关心与帮助，此情此义，永铭于心。

感谢我的家人对我学习和追求知识给予的理解。他们默默地付出与疼爱，是我生命的支撑。

感谢我单位的领导，在本书写作过程中，允许我放下手中原有的工作，将大量的时间扑在本书的撰写上。他们的理解和支持，让我能够坚持努力完成本书。

感谢百忙之中抽出时间来参加本书评阅和本书答辩的各位专家和教授，谢谢你们！

本人认为该书有一定的学习、参考价值，因此一直想把该书稿正式出版。今天夙愿成真，再次致谢！

本书是一个学者阶段性的研究结果，也是他终身研究的起点。在未来，我将继续关注就业问题，关注政策对就业的影响，希望最终有时间完成在我国经济高质量发展阶段的相关就业研究。

李伊涵

2023 年 10 月于北京

参考文献

[1] 阿吉翁，霍威特. 内生增长理论[M]. 陶然，译. 北京：北京大学出版社，2002：132.

[2] 蔡昉，都阳，高文书. 就业弹性、自然失业和宏观经济政策：为什么经济增长没有带来显性就业？[J]. 经济研究，2004(9)：18-25.

[3] 曹建云. 我国经济增长与就业增长的关系研究[D]. 兰州：兰州大学，2008.

[4] 陈彦斌. 中国新凯恩斯主义菲利普斯曲线研究[J]. 经济研究，2008：50-64.

[5] 程俊峰. 促进就业的财政政策研究[D]. 北京：财政部财政科学研究所，2010.

[6] 达摩达尔，古扎拉蒂. 计量经济学基础[M]. 4版. 费剑平，译. 北京：中国人民大学出版社，2005：749-775.

[7] 邓远军. 课税对我国就业影响的经济分析[J]. 税务研究，2006(12)：14-19.

[8] 鄂永健. 货币政策与就业：一个带有内生劳动供给的MIU模型[J]. 世界经济，2006(7)：56-64.

[9] 恩德斯. 应用计量经济学：时间序列分析[M]. 北京：高等教育出版社，2006：251-292.

[10] 樊欢欢，张凌云. Eviews统计分析与应用[M]. 北京：机械工业出版社，2010：323-356.

[11] 高鸿业. 西方经济学（宏观部分）[M]. 8版. 北京：中国人民大学出版社，2001：510-571.

[12] 郭庆旺，赵志耘. 积极财政政策及淡出策略研究[M]. 北京：中国人民大学出版社，2007：39-97.

[13] 胡鞍钢. 中国就业状况分析[J]. 管理世界，1997(3)：36-54.

[14] 纪韶，李舒丹，周亮亮. 宏观财政政策对就业影响效应的研究综述[J]. 人口与经济，2009(2)：42-48.

[15] 李红松. 经济增长与就业弹性问题研究[J]. 财经研究，2003，29(4)：23-27.

[16] 李伊涵，童菲. 从一组就业率数据看女大学生就业[J]. 首都经贸大学学报，2009(4)：87-90.

[17] 李伊涵，陈利锋. 中国货币政策的社会就业效应[J]. 中国流通经济，2011(12)：104-108.

[18] 刘广洋. 论税收对就业的影响[J]. 税务研究，2003(1):24-27.

[19] 刘玉红，高铁梅，陶艺. 中国转轨时期宏观经济政策传导机制及政策效应的模拟分析 [J]. 数量经济技术经济研究，2006(3)：15-23.

[20] 罗宏斌，周红梅. 税收的就业效应研究 [J]. 华北大学学报（社会科学版），2005(5):42-46.

[21] 马克思恩格斯全集：第 23 卷 [M]. 北京：人民出版社，1972：691.

[22] 齐建国. 中国总量就业与科技进步的关系研究 [J]. 数量经济技术经济研究，2002(12)：24-29.

[23] 宋琴，胡凯.“就业目标制”下的货币政策 [J]. 云南财经大学学报，2010(6):81-87.

[24] 谭崇台. 发展经济学 [M]. 太原：山西经济出版社，2001：205-209.

[25] 伍德里奇，杰弗里. 计量经济学导论：现代观点 [M]. 4 版. 费剑平，译. 北京：中国人民大学出版社，2010：606-610.

[26] 王艾青. 中国经济高增长与高失业并存问题研究 [D]. 西安：西北大学，2006.

[27] 王旭升. 中国经济增长与就业增长非一致性问题研究 [D]. 沈阳：辽宁大学，2008.

[28] 王君斌，薛鹤翔. 扩张型货币政策能刺激就业吗：刚性工资模型下的劳动力市场动态分析 [J]. 统计研究，2010，27(6)：7-16.

[29] 王君斌，王文甫. 非完全竞争市场、技术冲击和中国劳动就业：动态新凯恩斯主义视角 [J]. 管理世界，2010(1)：23-43.

[30] 王君斌. 通货膨胀惯性、产出波动与货币政策冲击：基于刚性价格模型的通货膨胀和产出的动态分析 [J]. 世界经济，2010(3)：71-94.

[31] 王志伟. 现代西方经济学思想流派 [M]. 北京：北京大学出版社，2002：165.

[32] 威廉·H. 格林. 计量经济分析：上、下册 [M]. 5 版. 费剑平，译. 北京：中国人民大学出版社，2007：607-713.

[33] 夏杰长. 劳动就业结构演变趋势与相关政策选择 [J]. 求索，2000(3)：7-10.

[34] 杨继生. 通胀预期、流动性过剩与中国通货膨胀的动态性质 [J]. 经济研究，2009(1)：106-117.

[35] 尹音频，张昆明. 财政政策结构的就业效应分析与思考 [J]. 西南民族大学学报（人文社会科学版），2004(2)：201-204.

[36] 袁志刚，Nick Parsons. 经济全球化下的就业政策：中 / 英文 [C]. 北京：中国劳动社会保障出版社，2004：164-180.

[37] 张车伟，蔡昉. 就业弹性变化趋势研究 [J]. 中国工业经济，2002(5)：22-30.

[38] 张成思. 金融计量学：时间序列分析视角 [M]. 大连：东北财经大学出版社，

2008：121-157.

[39] 张成思．通货膨胀动态机制与货币政策现实选择[M]．北京：中国人民大学出版社，2009：295-302.

[40] 张得志．中国经济高速增长过程中的劳动就业及其失业预警研究[D].上海：复旦大学，2007.

[41] 张宏亮，张广盈，张建涛．中国的财政政策对就业效应的协整分析[J]．统计与信息论坛，2005(9)：67-70.

[42] 张尚学．就业优先的货币政策结构效应研究[D].天津：南开大学，2009.

[43] 曾学文．我国转型期财政政策与货币政策开发就业潜力的效果分析[J]．财贸经济，2007(2)：18-24.

[44] 周也．中国劳动力供给总量分析[J]．财经问题研究，2009(11)：10-13.

[45] Acemoglu, D. Technical Change, Inequality, and the Labor Market[J]. Review of Economic Literature, 2002(40):7-72.

[46] Aghion, P, Howitt, P. A Model of Growth Through Creative Destruction[J]. Econometrica, 1992(60):323-351.

[47] Aghion, P, Howitt, P. Endogenous Growth Theory[M]. Cambrid -ge, MA: MIT Press,1998:123-144.

[48] Aghion, P, Howitt, P. The Economics of Growth[M]. Cambridge, MA: MIT Press,2009:169-187.

[49] Andrew, L, Christine, N. Does Fiscal Policy Reduce Unemployment? Evidence from Pork-Barrel Spending[J]. Working Paper.

[50] Annika, A, Bertil H. Monetary Policy and Swedish Unemploy- ment Fluctuations[J]. IZA DP, No.2933.

[51] Antonio, F, Ilian, M. The Effects of Fiscal Policy on Consumption and Employment: Theory and Evidence[J]. Insead and CERP Working Paper, 1999.

[52] Bas van A, Harry, G, Niko, G. Monetary and Fiscal Policy Transmission in the Euro-Area: Evidence from a Structural VAR Analysis [J]. Journal of Economics and Business, 2003(55): 609-638.

[53] Berentsen, A, Menzlo, G, Wright, R. Inflation and Unemployment in the Long Run[J]. American Economic Review, 2011, 101(1): 371 -398.

[54] Calvo, G. Staggered Prices in a Utility Maximizing Framework[J]. Journal of Monetary Economics, 1983,12(3):383-398.

[55] Carlo, A, Matteo, C. Inflation Forecasts, Monetary Policy and Unemployment Dynamics: Evidence from the US and the Euro Area[J]. Working Paper Series, 2007,No 725.

[56] Claudio S. Monetary Policy, Job Flows and Unemployment in a Sticky Price Framework[J]. New York University Working Paper, 2001.

[57] Dickens, W T, Katez, L F, Lang, K, et.d Employee Crime and the Monotoring Puzzle[J]. Journal of Labor Economics, 1989: (7):331-348.